中华人民共和国
个人所得税法
注释本

法律出版社法规中心 编

·北京·

图书在版编目（CIP）数据

中华人民共和国个人所得税法注释本／法律出版社法规中心编． -- 5 版． -- 北京：法律出版社，2025．（法律单行本注释本系列）． -- ISBN 978-7-5197-9663-1

Ⅰ．D922.222.5

中国国家版本馆 CIP 数据核字第 2024LJ1979 号

中华人民共和国个人所得税法注释本
ZHONGHUA RENMIN GONGHEGUO
GEREN SUODESHUIFA ZHUSHIBEN

法律出版社法规中心 编

责任编辑 董　昱
装帧设计 李　瞻

出版发行	法律出版社	开本 850 毫米×1168 毫米 1/32
编辑统筹	法规出版分社	印张 7.875　　字数 210 千
责任校对	张红蕊	版本 2025 年 1 月第 5 版
责任印制	耿润瑜	印次 2025 年 1 月第 1 次印刷
经　　销	新华书店	印刷 北京盛通印刷股份有限公司

地址：北京市丰台区莲花池西里 7 号（100073）
网址：www.lawpress.com.cn
投稿邮箱：info@lawpress.com.cn
举报盗版邮箱：jbwq@lawpress.com.cn
版权所有·侵权必究

销售电话：010-83938349
客服电话：010-83938350
咨询电话：010-63939796

书号：ISBN 978-7-5197-9663-1　　定价：22.00 元

凡购买本社图书，如有印装错误，我社负责退换。电话：010-83938349

编辑出版说明

现代社会是法治社会,社会发展离不开法治护航,百姓福祉少不了法律保障。遇到问题依法解决,已经成为人们处理矛盾、解决纠纷的不二之选。然而,面对纷繁复杂的法律问题,如何精准、高效地找到法律依据,如何完整、准确地理解和运用法律,日益成为人们"学法、用法"的关键所在。

为了帮助读者快速准确地掌握"学法、用法"的本领,我社开创性地推出了"法律单行本注释本系列"丛书,至今已十余年。本丛书历经多次修订完善,现已出版近百个品种,涵盖了社会生活的重要领域,已经成为广大读者学习法律、应用法律之必选图书。

本丛书具有以下特点:

1. 出版机构权威。成立于1954年的法律出版社,是全国首家法律专业出版机构,始终秉承"为人民传播法律"的宗旨,完整记录了中国法治建设发展的全过程,享有"社会科学类全国一级出版社"等荣誉称号,入选"全国百佳图书出版单位"。

2. 编写人员专业。本丛书皆由相关法律领域内的专业人士编写,确保图书内容始终紧跟法治进程,反映最新立法动态,体现条文本义内涵。

3. 法律文本标准。作为专业的法律出版机构,多年来,我社始终使用全国人民代表大会常务委员会公报刊登的法律文本，积淀了丰富的标准法律文本资源，并根据立法进度及时更新相关内容。

4. 条文注解精准。本丛书以立法机关的解读为蓝本，给每个条文提炼出条文主旨，并对重点条文进行注释，使读者能精准掌握立法意图，轻松理解条文内容。

5. 典型案例释疑。本书在相应条文下收录典型案例，提炼裁判理由，读者可扫描相应的"有章"二维码查看案例原文。

6. 配套附录实用。书末"附录"部分收录的均为重要的相关法律法规，使读者在使用中更为便捷，使全书更为实用。

需要说明的是，本丛书中"适用提要""条文主旨""条文注释"等内容皆是编者为方便读者阅读、理解而编写，不同于国家正式通过、颁布的法律文本，不具有法律效力。本丛书不足之处，恳请读者批评指正。

我们用心打磨本丛书，以期待为法律相关专业的学生释法解疑，致力于为每个公民的合法权益撑起法律的保护伞。

法律出版社法规中心

2024 年 12 月

目 录

《中华人民共和国个人所得税法》适用提要 …………… 1

中华人民共和国个人所得税法

第一条	纳税主体……………………………………	8
第二条	应税所得项目………………………………	11
第三条	税率…………………………………………	14
第四条	免税项目……………………………………	15
第五条	减税项目……………………………………	17
第六条	应纳税所得额………………………………	18
第七条	境外已纳税额抵免…………………………	23
第八条	纳税调整……………………………………	24
第九条	纳税人与扣缴义务人………………………	26
第十条	纳税申报……………………………………	27
第十一条	综合所得申报和缴纳………………………	34
第十二条	分类所得申报和缴纳………………………	36
第十三条	五种情形的自行申报期限…………………	38
第十四条	税款入库与退库……………………………	38
第十五条	综合管理……………………………………	39
第十六条	本位币………………………………………	40
第十七条	手续费………………………………………	41
第十八条	储蓄存款利息所得…………………………	41

第十九条　法律责任 …… 42
第二十条　征收管理 …… 42
第二十一条　实施条例制定 …… 43
第二十二条　施行日期 …… 44

附　录

一、综合规定

中华人民共和国个人所得税法实施条例(2018.12.18 修订) …… 46

财政部、税务总局关于非居民个人和无住所居民个人有关个人所得税政策的公告(2019.3.14) …… 55

二、税收征收管理

中华人民共和国税收征收管理法(2015.4.24 修正) …… 67

中华人民共和国税收征收管理法实施细则(2016.2.6 修订) …… 87

国家税务总局关于全面实施新个人所得税法若干征管衔接问题的公告(2018.12.19) …… 108

欠税公告办法(试行)(2018.6.15 修正) …… 112

个人所得税管理办法(2018.6.15 修正) …… 116

股权转让所得个人所得税管理办法(试行)(2018.6.15 修正) …… 130

个体工商户个人所得税计税办法(2018.6.15 修正) …… 137

三、纳税人权利义务

国家税务总局关于纳税人权利与义务的公告(2018.6.15 修正) …… 144

四、纳税人识别号与纳税记录

国家税务总局关于自然人纳税人识别号有关事项的公告(2018.12.17) …… 152

国家税务总局关于将个人所得税《税收完税证明》(文书式)调整为《纳税记录》有关事项的公告(2018.12.5) …… 154

五、纳税申报

国家税务总局关于个人所得税自行纳税申报有关问题的公告(2018.12.21) …… 157

国家税务总局关于修订个人所得税申报表的公告(2019.1.31) …… 161

个人所得税扣缴申报管理办法(试行)(2018.12.21) …… 197

个人所得税自行纳税申报办法(试行)(2018.6.15修正) …… 203

六、专项附加扣除

个人所得税专项附加扣除暂行办法(2018.12.13) …… 212

个人所得税专项附加扣除操作办法(试行)(2022.3.25修订) …… 218

七、税收优惠政策

财政部、税务总局关于个人所得税法修改后有关优惠政策衔接问题的通知(2018.12.27) …… 226

财政部、税务总局关于继续有效的个人所得税优惠政策目录的公告(2018.12.29) …… 232

《中华人民共和国个人所得税法》适用提要

1980年9月10日第五届全国人民代表大会第三次会议通过了《中华人民共和国个人所得税法》,之后1993年10月31日第八届全国人民代表大会常务委员会第四次会议、1999年8月30日第九届全国人民代表大会常务委员会第十一次会议、2005年10月27日第十届全国人民代表大会常务委员会第十八次会议、2007年6月29日第十届全国人民代表大会常务委员会第二十八次会议、2007年12月29日第十届全国人民代表大会常务委员会第三十一次会议、2011年6月30日第十一届全国人民代表大会常务委员会第二十一次会议、2018年8月31日第十三届全国人民代表大会常务委员会第五次会议先后对这部法律进行了修改。对《中华人民共和国个人所得税法》进行多次修改的目的,总的来说,就是建立综合与分类相结合的税制,进一步扩大税基,合理调整税率,更好地发挥个人所得税组织财政收入和调节收入分配的作用。

一、最新《中华人民共和国个人所得税法》修正要点

2018年对本法进行修改,总体思路是旨在落实党中央、国务院关于个人所得税改革的决策部署,依法保障个人所得税改革顺利实施。修改工作坚持突出重点,对现行《中华人民共和国个人所得税法》不适应改革需要的内容进行修改,补充、完善保障改革

实施所需内容。对其他内容，原则上不做修改。其修改的主要内容是：

（一）完善有关纳税人的规定

修改前的《中华人民共和国个人所得税法》规定了两类纳税人：一是在中国境内有住所，或者无住所而在境内居住满1年的个人，从中国境内和境外取得的所得，缴纳个人所得税；二是在中国境内无住所又不居住，或者无住所而在境内居住不满1年的个人，从中国境内取得的所得，缴纳个人所得税。从国际惯例看，一般将个人所得税纳税人分为居民个人和非居民个人两类，两类纳税人在纳税义务和征税方式上均有所区别。现行《中华人民共和国个人所得税法》规定的两类纳税人实质上是居民个人和非居民个人，但没有明确作出概念上的分类。为适应个人所得税改革对两类纳税人在征税方式等方面的不同要求，便于税法和有关税收协定的贯彻执行，本次修改借鉴国际惯例，明确引入了居民个人和非居民个人的概念，并将在中国境内居住的时间这一判定居民个人和非居民个人的标准，由以前的是否满1年调整为是否满183天，以更好地行使税收管辖权，维护国家税收权益。

（二）对部分劳动性所得实行综合征税

修改前的《中华人民共和国个人所得税法》采用分类征税方式，将应税所得分为11类，实行不同征税办法。按照"逐步建立综合与分类相结合的个人所得税制"的要求，结合当前征管能力和配套条件等实际情况，本次修改将工资、薪金所得，劳务报酬所得，稿酬所得，特许权使用费所得4项劳动性所得（以下简称综合所得）纳入综合征税范围，适用统一的超额累进税率，居民个人按年合并计算个人所得税，非居民个人按月或者按次分项计算个人所得税。同时，适当简并应税所得分类，将"个体工商户的生产、经营所得"调整为"经营所得"，不再保留"对企事业单位的承包经营、承租经营所得",该项所得根据具体情况,分别并入综合所得或者经营所得。对经营所得,利息、股息、红利所得,财产租赁所得,财产转让所得,偶然所得以及其他所得,仍采用分类征税方式,按照规定分别计算个人所得税。

(三)优化调整税率结构

一是综合所得税率。以原《中华人民共和国个人所得税法》工资、薪金所得税率(3%至45%的7级超额累进税率)为基础,将按月计算应纳税所得额调整为按年计算,并优化调整部分税率的级距。具体是:扩大3%、10%、20%三档低税率的级距,3%税率的级距扩大一倍,原税率为10%的部分所得的税率降为3%;大幅扩大10%税率的级距,原税率为20%的所得,以及原税率为25%的部分所得的税率降为10%;原税率为25%的部分所得的税率降为20%;相应缩小25%税率的级距,30%、35%、45%这三档较高税率的级距保持不变。

二是经营所得税率。以经营所得保持5%至35%的5级税率不变,适当调整各档税率的级距,其中最高档税率级距下限从10万元提高至50万元。

(四)提高综合所得基本减除费用标准

按照2011年《中华人民共和国个人所得税法》,工资、薪金所得的基本减除费用标准为3500元/月,劳务报酬所得、稿酬所得、特许权使用费所得,每次收入不超过4000元的,减除费用800元;4000元以上的,减除20%的费用。本次修改将上述综合所得的基本减除费用标准提高到5000元/月(6万元/年)。这一标准综合考虑了人民群众消费支出水平增长等各方面因素,并体现了一定前瞻性。按此标准并结合税率结构调整测算,取得工资、薪金等综合所得的纳税人,总体上税负都有不同程度下降,特别是中等以下收入群体税负下降明显,有利于增加居民收入、增强消费能力。该标准对于在中国境内无住所而在中国境内取得工资、薪金所得的纳税人和在中国境内有住所而在中国境外取得工资、薪金所得的纳税人统一适用，不再保留专门的附加减除费用（1300元/月）。

（五）设立专项附加扣除

本次修改在提高综合所得基本减除费用标准，明确现行的个人基本养老保险、基本医疗保险、失业保险、住房公积金等专项扣除项目以及依法确定的其他扣除项目继续执行的同时，增加规定子女教育支出、继续教育支出、大病医疗支出、住房贷款利息和住房租金等与人民群众生活密切相关的专项附加扣除。专项附加扣除考虑了个人负担的差异性，更符合个人所得税基本原理，有利于税制公平。

（六）增加反避税条款

目前，个人运用各种手段逃避个人所得税的现象时有发生。为了堵塞税收漏洞，维护国家税收权益，本次修改参照《中华人民共和国企业所得税法》有关反避税规定，针对个人不按独立交易原则转让财产、在境外避税地避税、实施不合理商业安排获取不当税收利益等避税行为，赋予税务机关按合理方法进行纳税调整的权力。规定税务机关作出纳税调整，需要补征税款的，应当补征税款，并依法加收利息。

此外，为保障个人所得税改革的顺利实施，本次修改还明确了非居民个人征税办法，并进一步健全了与个人所得税改革相适应的税收征管制度。

二、最新《中华人民共和国个人所得税法实施条例》修订要点

2018年12月18日中华人民共和国国务院令第707号公布修订后的《中华人民共和国个人所得税法实施条例》，该条例自2019年1月1日起施行。

该条例修订的主要内容包括以下几个方面：

一是明确对符合居民个人标准的境外人士的税收优惠。新《中华人民共和国个人所得税法》将判定居民个人的标准由在中国境内居住满1年调整为满183天。为吸引境外人才,加大对符合居民个人标准的境外人士税收优惠力度,实施条例规定:在中国境内无住所的个人,在中国境内居住累计满183天的年度连续不满6年(2011年《中华人民共和国个人所得税法实施条例》为5年)的,经向主管税务机关备案,其来源于中国境外且由境外单位或者个人支付的所得,免予缴纳个人所得税;在中国境内居住累计满183天的任一年度中有1次离境超过30天的,其在中国境内居住累计满183天的年度的连续年限重新起算。

二是完善经营所得应纳税所得额的计算方法。修改后的《中华人民共和国个人所得税法》将个体工商户的生产、经营所得和对企事业单位的承包经营、承租经营所得统一调整为经营所得。为支持鼓励自主创业,对个体工商户等经营主体给予家庭生计必要支出减除,实施条例规定:取得经营所得的个人,没有综合所得的,计算其每一纳税年度的应纳税所得额时,应当减除费用6万元、专项扣除、专项附加扣除以及依法确定的其他扣除。

三是明确相关事项的政策界限。《中华人民共和国个人所得税法实施条例》明确了个人所得税征收中一些重要事项的政策界限,如《中华人民共和国个人所得税法》所称依法确定的其他扣除包括个人缴付符合国家规定的企业年金、职业年金,个人购买符合国家规定的商业健康保险、税收递延型商业养老保险的支出,以及国务院规定可以扣除的其他项目。

四是为保障新《中华人民共和国个人所得税法》设立的专项附加扣除项目顺利落地,实施条例主要做了以下几个方面的规定:(1)工资、薪金所得可以由扣缴义务人在扣缴税款时减除专项附加扣除,其他综合所得在汇算清缴时减除专项附加扣除,纳税人可以委托扣缴义务人或者其他单位和个人办理汇算清缴。(2)纳税人、扣缴义务人应当按照规定保存与专项附加扣除相关的资料,税务机关可以对专项附加扣除信息进行抽查,发现纳税人提供虚假信息的,责令改正并通知扣缴义务人,情节严重的,有关部门应当依法予以处理,纳入信用信息系统并实施联合惩戒。(3)专项扣除、专项附加扣除和依法确定的其他扣除以居民个人一个纳税年度的应纳税所得额为限额,一个纳税年度扣除不完的不结转以后年度扣除。

中华人民共和国
个人所得税法

（1980年9月10日第五届全国人民代表大会第三次会议通过 根据1993年10月31日第八届全国人民代表大会常务委员会第四次会议《关于修改〈中华人民共和国个人所得税法〉的决定》第一次修正 根据1999年8月30日第九届全国人民代表大会常务委员会第十一次会议《关于修改〈中华人民共和国个人所得税法〉的决定》第二次修正 根据2005年10月27日第十届全国人民代表大会常务委员会第十八次会议《关于修改〈中华人民共和国个人所得税法〉的决定》第三次修正 根据2007年6月29日第十届全国人民代表大会常务委员会第二十八次会议《关于修改〈中华人民共和国个人所得税法〉的决定》第四次修正 根据2007年12月29日第十届全国人民代表大会常务委员会第三十一次会议《关于修改〈中华人民共和国个人所得税法〉的决定》第五次修正 根据2011年6月30日第十一届全国人民代表大会常务委员会第二十一次会议《关于修改〈中华人民共和国个人所得税法〉的决定》第六次修正 根据2018年8月31日第十三届全国人民代表大会常务委员会第五次会议《关于修改〈中华人民共和国个人所得税法〉的决定》第七次修正）

第一条 【纳税主体】①在中国境内有住所,或者无住所而一个纳税年度内在中国境内居住累计满一百八十三天的个人,为居民个人。居民个人从中国境内和境外取得的所得,依照本法规定缴纳个人所得税。

在中国境内无住所又不居住,或者无住所而一个纳税年度内在中国境内居住累计不满一百八十三天的个人,为非居民个人。非居民个人从中国境内取得的所得,依照本法规定缴纳个人所得税。

纳税年度,自公历一月一日起至十二月三十一日止。

条文注释②

2018年修改前,本条的规定是:"在中国境内有住所,或者无住所而在境内居住满一年的个人,从中国境内和境外取得的所得,依照本法规定缴纳个人所得税。在中国境内无住所又不居住或者无住所而在境内居住不满一年的个人,从中国境内取得的所得,依照本法规定缴纳个人所得税。"修改后使用"居民个人"和"非居民个人"概念,与《中华人民共和国企业所得税法》的"居民企业"和"非居民企业"概念相对应,即《中华人民共和国个人所得税法》采用居民管辖权而非公民管辖权,既包括公民也包括非公民。非居民企业,是指依照外国(地区)法律成立且实际管理机构不在中国境内,但在中国境内设立机构、场所的,或者在中国境内未设立机构、场所,但有来源于中国境内所得的企业。实际管理机构,是指对企业的生产经营、人员、账务、财产等实施实质性全面管理和控制的机构。机构、场所,是指在中国境内从事生产经营活动的机构、场所,包括:(1)管理机构、营业机构、办事机构;(2)工厂、农场、开采自然资源的场所;(3)提供

---

①② 条文主旨、条文注释为编者所加,全书同。

劳务的场所;(4)从事建筑、安装、装配、修理、勘探等工程作业的场所;(5)其他从事生产经营活动的机构、场所。非居民企业委托营业代理人在中国境内从事生产经营活动的,包括委托单位或者个人经常代其签订合同,或者储存、交付货物等,该营业代理人视为非居民企业在中国境内设立的机构、场所。

在对居民的判定上,一般有住所标准和居住时间标准:

1. 住所标准:有住所的是"居民个人"。本法所称在中国境内有住所,是指因户籍、家庭、经济利益关系而在中国境内习惯性居住。《征收个人所得税若干问题的规定》对"习惯性居住"进一步解释为:"所谓习惯性居住,是判定纳税义务人是居民或非居民的一个法律意义上的标准,不是指实际居住或在某一个特定时期内的居住地。如因学习、工作、探亲、旅游等而在中国境外居住的,在其原因消除之后,必须回到中国境内居住的个人,则中国即为该纳税人习惯性居住地。"国家税务总局2019年1月31日发布的《新个人所得税法实施条例及过渡期政策纳税人常见疑问30答》中指出:"习惯性居住",相当于定居的概念,指的是个人在较长时间内,相对稳定地在一地居住。对于因学习、工作、探亲、旅游等原因虽然在境内居住,但这些原因消除后仍然准备回境外居住的,不属于在境内习惯性居住。

2. 居住时间标准:无住所而一个纳税年度内在中国境内居住累计满183天的个人,也是"居民个人"。2019年3月14日,财政部、税务总局发布《财政部、税务总局关于在中国境内无住所的个人居住时间判定标准的公告》,对在中国境内无住所的个人(即无住所个人)居住时间的判定标准具体规定如下:(1)无住所个人一个纳税年度在中国境内累计居住满183天的,如果此前6年在中国境内每年累计居住天数都满183天而且没有任何一年单次离境超过30天,该纳税年度来源于中国境内、境外所得应当缴纳个人所得税;如果此前6年的任一年在中国境内累计居住天数不满183天或者单次离境超过30天,该纳税年度来源于中国境外且由境外单位或者个人支付的所得,免予缴纳个人所得税[这里所称此前6年,是指该纳税年度的前一年至前六年的连续6个年度,此前6年的起始年度自2019年(含)以后年度开始计算]。(2)无住所个人一个纳税年度内在中国境内累计居住天数,按照个人在中国境内累计停留的天数计算。在中国境内停留的当天满24小时的,计入中国境内居住天数,在中国境内停留的当天不足24小时的,不计入中国境内居住天数。

本法所称从中国境内和境外取得的所得,分别是指来源于中国境内的所得和来源于中国境外的所得。除国务院财政、税务主管部门另有规定外,下列所得,不论支付地点是否在中国境内,均为来源于中国境内的所得:(1)因任职、受雇、履约等在中国境内提供劳务取得的所得;(2)将财产出租给承租人在中国境内使用而取得的所得;(3)许可各种特许权在中国境内使用而取得的所得;(4)转让中国境内的不动产等财产或者在中国境内转让其他财产取得的所得;(5)从中国境内企业、事业单位、其他组织以及居民个人取得的利息、股息、红利所得。

根据《中华人民共和国个人所得税法实施条例》,在中国境内无住所的个人免予缴纳个人所得税的情形是:(1)在中国境内无住所的个人,在中国境内居住累计满183天的年度连续不满6年的,经向主管税务机关备案,其来源于中国境外且由境外单位或者个人支付的所得,免予缴纳个人所得税(注意:在中国境内居住累计满183天的任一年度中有1次离境超过30天的,其在中国境内居住累计满183天的年度的连续年限重新起算)。(2)在中国境内无住所的个人,在一个纳税年度内在中国境内居住累计不超过90天的,其来源于中国境内的所得,由境外雇主支付并且不由该雇主在中国境内的机构、场所负担的部分,免予缴纳个人所得税。

关联法规

《中华人民共和国个人所得税法实施条例》第2-5条

《财政部、税务总局关于非居民个人和无住所居民个人有关个人所得税政策的公告》

> **第二条　【应税所得项目】**下列各项个人所得,应当缴纳个人所得税:
> （一）工资、薪金所得;
> （二）劳务报酬所得;
> （三）稿酬所得;
> （四）特许权使用费所得;
> （五）经营所得;
> （六）利息、股息、红利所得;
> （七）财产租赁所得;
> （八）财产转让所得;
> （九）偶然所得。
> 居民个人取得前款第一项至第四项所得(以下称综合所得),按纳税年度合并计算个人所得税;非居民个人取得前款第一项至第四项所得,按月或者按次分项计算个人所得税。纳税人取得前款第五项至第九项所得,依照本法规定分别计算个人所得税。

条文注释

本条规定了个人所得税的应税所得项目。

2011年《中华人民共和国个人所得税法》第2条最后一项规定的是"经国务院财政部门确定征税的其他所得"。2018年修改,删去了"其他所得"的内容。同时在修订后的《中华人民共和国个人所得税法实施条例》中明确,个人取得的所得,难以界定应纳税所得项目的,由国务院税务主管部门确定。这里所说的国务院税务主管部门,其概念外延比国家税务总局要大,还应包括财政部和海关总署。

应注意的是,税收法定原则是税法的基本原则,《中华人民共和国税收征收管理法》第 3 条规定:"税收的开征、停征以及减税、免税、退税、补税,依照法律的规定执行;法律授权国务院规定的,依照国务院制定的行政法规的规定执行。任何机关、单位和个人不得违反法律、行政法规的规定,擅自作出税收开征、停征以及减税、免税、退税、补税和其他同税收法律、行政法规相抵触的决定。"这意味着,没有相应法律或法律授权做前提,政府不能随意征税,公民也没有纳税的义务。

个人所得的形式,包括现金、实物、有价证券和其他形式的经济利益。所得为实物的,应当按照取得的凭证上所注明的价格计算应纳税所得额,无凭证的实物或者凭证上所注明的价格明显偏低的,参照市场价格核定应纳税所得额;所得为有价证券的,根据票面价格和市场价格核定应纳税所得额;所得为其他形式的经济利益的,参照市场价格核定应纳税所得额。

根据《中华人民共和国个人所得税法实施条例》的规定,各项个人所得的范围具体是:

1. 工资、薪金所得,是指个人因任职或者受雇取得的工资、薪金、奖金、年终加薪、劳动分红、津贴、补贴以及与任职或者受雇有关的其他所得。

2. 劳务报酬所得,是指个人从事劳务取得的所得,包括从事设计、装潢、安装、制图、化验、测试、医疗、法律、会计、咨询、讲学、翻译、审稿、书画、雕刻、影视、录音、录像、演出、表演、广告、展览、技术服务、介绍服务、经纪服务、代办服务以及其他劳务取得的所得。

3. 稿酬所得,是指个人因其作品以图书、报刊等形式出版、发表而取得的所得。

4. 特许权使用费所得,是指个人提供专利权、商标权、著作权、非专利技术以及其他特许权的使用权取得的所得;提供著作权的使用权取得的所得,不包括稿酬所得。

5. 经营所得。2018年修改后的《中华人民共和国个人所得税法》,取消了原"个体工商户的生产、经营所得"与"对企事业单位的承包经营、承租经营所得"税目,新设立"经营所得"税目,这具体是指:(1)个体工商户从事生产、经营活动取得的所得,个人独资企业投资人、合伙企业的个人合伙人来源于境内注册的个人独资企业、合伙企业生产、经营的所得;(2)个人依法从事办学、医疗、咨询以及其他有偿服务活动取得的所得;(3)个人对企业、事业单位承包经营、承租经营以及转包、转租取得的所得;(4)个人从事其他生产、经营活动取得的所得。

6. 利息、股息、红利所得,是指个人拥有债权、股权等而取得的利息、股息、红利所得。

7. 财产租赁所得,是指个人出租不动产、机器设备、车船以及其他财产取得的所得。

8. 财产转让所得,是指个人转让有价证券、股权、合伙企业中的财产份额、不动产、机器设备、车船以及其他财产取得的所得。此外,应注意的是,对股票转让所得征收个人所得税的办法,由国务院另行规定,并报全国人民代表大会常务委员会备案。

9. 偶然所得,是指个人得奖、中奖、中彩以及其他偶然性质的所得。

本条将居民个人的工资及薪金所得、劳务报酬所得、稿酬所得、特许权使用费所得归为综合所得,按年合并计算应纳税所得额,作为本法第6条应纳税所得额的计算基础。这意味着工资及薪金所得、劳务报酬所得、稿酬所得、特许权使用费所得从按月(按次)征收改为按年征收,年底需要汇总计算税款。这是2018年修改后的《中华人民共和国个人所得税法》的重大变化。标志着本法从之前的全部采用分类征税方式,转变为建立综合与分类相结合的个人所得税制度。还应注意,对非居民个人继续保留分类征税方式,不采取综合征税方式。

关联法规

《中华人民共和国个人所得税法实施条例》第6-8条

第三条 【税率】个人所得税的税率：

（一）综合所得，适用百分之三至百分之四十五的超额累进税率（税率表附后）；

（二）经营所得，适用百分之五至百分之三十五的超额累进税率（税率表附后）；

（三）利息、股息、红利所得，财产租赁所得，财产转让所得和偶然所得，适用比例税率，税率为百分之二十。

条文注释

本法对个人所得税综合所得和经营所得，按不同档次计税，把计税收入划分成若干区间等级，税率取决于应纳税所得额所处的对应级距。本条应结合3个表格进行查阅，即《中华人民共和国个人所得税法》后附个人所得税税率表一（综合所得适用）、个人所得税税率表二（经营所得适用），以及《国家税务总局关于全面实施新个人所得税法若干征管衔接问题的公告》（2018年12月19日国家税务总局公告2018年第56号）后附个人所得税税率表三（非居民个人工资、薪金所得，劳务报酬所得，稿酬所得，特许权使用费所得适用）。

2018年修改后的《中华人民共和国个人所得税法》规定将居民个人稿酬所得、工资及薪金所得、劳务报酬所得、特许权使用费所得归集为综合所得，合并课税。对于非居民个人，其工资、薪金所得不归入"综合所得"，相应地，按月所得额大小不同适用超额累进税率。居民个人的综合所得税率表中的"全年应纳税所得额"除以12所得之商数，即为非居民个人的"工资、薪金所得""劳务报酬所得""稿酬所得""特许权使用费所得"4项所得的"按月应纳税所得额"级距金额。

"经营所得"沿用了修改前的2011年《中华人民共和国个人

所得税法》中"个体工商户的生产、经营所得"及"对企事业单位的承包经营、承租经营所得"适用的5级超额累进税率（5%－35%），但将每一档税率适用的所得级距金额范围予以扩大。

第四条　【免税项目】 下列各项个人所得，免征个人所得税：

（一）省级人民政府、国务院部委和中国人民解放军军以上单位，以及外国组织、国际组织颁发的科学、教育、技术、文化、卫生、体育、环境保护等方面的奖金；

（二）国债和国家发行的金融债券利息；

（三）按照国家统一规定发给的补贴、津贴；

（四）福利费、抚恤金、救济金；

（五）保险赔款；

（六）军人的转业费、复员费、退役金；

（七）按照国家统一规定发给干部、职工的安家费、退职费、基本养老金或者退休费、离休费、离休生活补助费；

（八）依照有关法律规定应予免税的各国驻华使馆、领事馆的外交代表、领事官员和其他人员的所得；

（九）中国政府参加的国际公约、签订的协议中规定免税的所得；

（十）国务院规定的其他免税所得。

前款第十项免税规定，由国务院报全国人民代表大会常务委员会备案。

条文注释

免税是按照税收法律、法规对纳税义务人免征全部应纳税款。《中华人民共和国税收征收管理法》第3条第1款规定："税收的开征、停征以及减税、免税、退税、补税，依照法律的规定执行；法律授权国务院规定的，依照国务院制定的行政法规的规定执行。"因此，免税的项目需要法律或行政法规明确予以规定。

本条即对可享受免税的范围进行了严格的界定。2018年修改后的《中华人民共和国个人所得税法》增加了"军人退役金"免税项目,对实际操作中比较难判断是否可以免税的该项收入予以明确。将"退休工资、离休工资"调整为"基本养老金或者退休费、离休费",严格区分了"退休工资、离休工资"和"退休费、离休费"的概念。同时,第1款第10项兜底条款将"经国务院财政部门批准免税的所得"调整为"国务院规定的其他免税所得";还增加了第2款"前款第十项免税规定,由国务院报全国人民代表大会常务委员会备案"的规定,更符合税收法定的原则及《中华人民共和国立法》的要求。

《中华人民共和国个人所得税法实施条例》对本条第1款第2项、第3项、第4项、第8项中的"国债利息""补贴、津贴""福利费""救济金"等概念进行了明确,阐明了哪些收入属于这些免税项目,进而确定了免税的范围:(1)国债利息,是指个人持有中华人民共和国财政部发行的债券而取得的利息;所称国家发行的金融债券利息,是指个人持有经国务院批准发行的金融债券而取得的利息。(2)按照国家统一规定发给的补贴、津贴,是指按照国务院规定发给的政府特殊津贴、院士津贴,以及国务院规定免予缴纳个人所得税的其他补贴、津贴。(3)福利费,是指根据国家有关规定,从企业、事业单位、国家机关、社会组织提留的福利费或者工会经费中支付给个人的生活补助费;所称救济金,是指各级人民政府民政部门支付给个人的生活困难补助费。(4)依照有关法律规定应予免税的各国驻华使馆、领事馆的外交代表、领事官员和其他人员的所得,是指依照《中华人民共和国外交特权与豁免条例》和《中华人民共和国领事特权与豁免条例》规定免税的所得。

关联法规

《中华人民共和国个人所得税法实施条例》第9-12条

第五条 【减税项目】有下列情形之一的,可以减征个人所得税,具体幅度和期限,由省、自治区、直辖市人民政府规定,并报同级人民代表大会常务委员会备案:

(一)残疾、孤老人员和烈属的所得;

(二)因自然灾害遭受重大损失的。

国务院可以规定其他减税情形,报全国人民代表大会常务委员会备案。

条文注释

2018年修改后的《中华人民共和国个人所得税法》将2011年《中华人民共和国个人所得税法实施条例》第16条"减征个人所得税,其减征的幅度和期限由省、自治区、直辖市人民政府规定"移至本法第5条,并要求"报同级人民代表大会常务委员会备案"。与免税项目的兜底条款类似,将"其他经国务院财政部门批准减税的"修改为"国务院可以规定其他减税情形,报全国人民代表大会常务委员会备案"。第1款第2项将"严重自然灾害"修改为"自然灾害"。

2018年修改后的《中华人民共和国个人所得税法》采取综合与分类相结合的税制,在征收上运用累计预扣预缴的方式,并引入综合所得的概念,与修改前的《中华人民共和国个人所得税法》差别较大。2019年以前印发的分散于各财政税务规范性文件中的个人所得税减免优惠政策是否有效,还需等待进一步的梳理、整合。2018年12月29日公布的《财政部、税务总局关于继续有效的个人所得税优惠政策目录的公告》(财政部、税务总局公告2018年第177号)仅明确了继续有效的88个优惠政策。

关联法规

《财政部、税务总局关于继续有效的个人所得税优惠政策目录的公告》

第六条 【应纳税所得额】应纳税所得额的计算:

(一)居民个人的综合所得,以每一纳税年度的收入额减除费用六万元以及专项扣除、专项附加扣除和依法确定的其他扣除后的余额,为应纳税所得额。

(二)非居民个人的工资、薪金所得,以每月收入额减除费用五千元后的余额为应纳税所得额;劳务报酬所得、稿酬所得、特许权使用费所得,以每次收入额为应纳税所得额。

(三)经营所得,以每一纳税年度的收入总额减除成本、费用以及损失后的余额,为应纳税所得额。

(四)财产租赁所得,每次收入不超过四千元的,减除费用八百元;四千元以上的,减除百分之二十的费用,其余额为应纳税所得额。

(五)财产转让所得,以转让财产的收入额减除财产原值和合理费用后的余额,为应纳税所得额。

(六)利息、股息、红利所得和偶然所得,以每次收入额为应纳税所得额。

劳务报酬所得、稿酬所得、特许权使用费所得以收入减除百分之二十的费用后的余额为收入额。稿酬所得的收入额减按百分之七十计算。

个人将其所得对教育、扶贫、济困等公益慈善事业进行捐赠,捐赠额未超过纳税人申报的应纳税所得额百分之三十的部分,可以从其应纳税所得额中扣除;国务院规定对公益慈善事业捐赠实行全额税前扣除的,从其规定。

本条第一款第一项规定的专项扣除,包括居民个人按照国家规定的范围和标准缴纳的基本养老保险、基本医疗保险、失业保险等社会保险费和住房公积金等;专项附加扣除,包括子女教育、继续教育、大病医疗、住房贷款利息或者住房租金、赡养老人等支出，具体范围、标准和实施步骤由国务院确定，并报全国人民代表大会常务委员会备案。

条文注释

2018年修改后的《中华人民共和国个人所得税法》，一方面取消了在中国境内无住所而在中国境内取得工资、薪金所得的纳税人（如外籍个人）和在中国境内有住所而在中国境外取得工资、薪金所得的纳税人（如派遣至海外工作的中国公民）的"附加减除费用"。这意味着，相关个人将不再享有此项特殊优待。另一方面，将以前国务院财税部门的相关文件中的社会保险费和住房公积金扣除项目列入法律条款作为"专项扣除"项目。同时，规定了6项专项附加扣除：子女教育、继续教育、大病医疗、住房贷款利息、住房租金、赡养老人。针对专项附加扣除的具体实施，制定了《个人所得税专项附加扣除暂行办法》《国家税务总局关于全面实施新个人所得税法若干征管衔接问题的公告》《个人所得税专项附加扣除操作办法（试行）》。

根据《个人所得税专项附加扣除操作办法（试行）》，纳税人享受符合规定的专项附加扣除的计算时间分别为："（一）子女教育。学前教育阶段，为子女年满3周岁当月至小学入学前一月。学历教育，为子女接受全日制学历教育入学的当月至全日制学历教育结束的当月。（二）继续教育。学历（学位）继续教育，为在中国境内接受学历（学位）继续教育入学的当月至学历（学位）继续教育结束的当月，同一学历（学位）继续教育的扣除期限最长不得超过48个月。技能人员职业资格继续教育、专业技术人员职业资格继续教育，为取得相关证书的当年。（三）大病医疗。为医疗保障信息系统记录的医药费用实际支出的当年。（四）住房贷款利息。为贷款合同约定开始还款的当月至贷款全部归还或贷款合同终止的当月，扣除期限最长不得超过240个月。(五)住房租金。为租赁合同(协议)约定的房屋租赁期开始的当月至租赁期结束的当月。提前终止合同(协议)的,以实际租赁期限为准。(六)赡养老人。为被赡养人年满60周岁的当月至赡养义务终止的年末。(七)3岁以下婴幼儿照护。为婴幼儿出生的当月至年满3周岁的前一个月。前款第一项、第二项规定的学历教育和学历(学位)继续教育的期间,包含因病或其他非主观原因休学但学籍继续保留的休学期间,以及施教机构按规定组织实施的寒暑假等假期。"

《中华人民共和国个人所得税法实施条例》对本条相关内容做了以下规定:

1. 本条第1款第1项所称依法确定的其他扣除,包括个人缴付符合国家规定的企业年金、职业年金,个人购买符合国家规定的商业健康保险、税收递延型商业养老保险的支出,以及国务院规定可以扣除的其他项目。专项扣除、专项附加扣除和依法确定的其他扣除,以居民个人一个纳税年度的应纳税所得额为限额;一个纳税年度扣除不完的,不结转以后年度扣除。

2. 本条第1款第2项、第4项、第6项所称每次,分别按照下列方法确定:(1)劳务报酬所得、稿酬所得、特许权使用费所得,属于一次性收入的,以取得该项收入为一次;属于同一项目连续性收入的,以一个月内取得的收入为一次。(2)财产租赁所得,以一个月内取得的收入为一次。(3)利息、股息、红利所得,以支付利息、股息、红利时取得的收入为一次。(4)偶然所得,以每次取得该项收入为一次。

3. 本条第1款第3项所称成本、费用,是指生产、经营活动中发生的各项直接支出和分配计入成本的间接费用以及销售费用、管理费用、财务费用;所称损失,是指生产、经营活动中发生的固定资产和存货的盘亏、毁损、报废损失,转让财产损失,坏账损失,自然灾害等不可抗力因素造成的损失以及其他损失。取得经营所得的个人,没有综合所得的,计算其每一纳税年度的应纳税所得额时，应当减除费用6万元、专项扣除、专项附加扣除以及依法确定的其他扣除。专项附加扣除在办理汇算清缴时减除。从事生产、经营活动，未提供完整、准确的纳税资料，不能正确计算应纳税所得额的，由主管税务机关核定应纳税所得额或者应纳税额。

4.本条第1款第5项中相关概念解释如下：其一，合理费用，是指卖出财产时按照规定支付的有关税费。其二，财产原值，按照下列方法确定：(1)有价证券，为买入价以及买入时按照规定交纳的有关费用；(2)建筑物，为建造费或者购进价格以及其他有关费用；(3)土地使用权，为取得土地使用权所支付的金额、开发土地的费用以及其他有关费用；(4)机器设备、车船，为购进价格、运输费、安装费以及其他有关费用。其他财产，参照上述规定的方法确定财产原值。此外，纳税人未提供完整、准确的财产原值凭证，不能按照上述方法确定财产原值的，由主管税务机关核定财产原值。其三，财产转让所得，按照一次转让财产的收入额减除财产原值和合理费用后的余额计算纳税。

5.本条第3款所称个人将其所得对教育、扶贫、济困等公益慈善事业进行捐赠，是指个人将其所得通过中国境内的公益性社会组织、国家机关向教育、扶贫、济困等公益慈善事业的捐赠；所称应纳税所得额，是指计算扣除捐赠额之前的应纳税所得额。

此外，根据《中华人民共和国个人所得税法实施条例》的规定，2个以上的个人共同取得同一项目收入的，应当对每个人取得的收入分别按照《中华人民共和国个人所得税法》的规定计算纳税。

关联法规

《中华人民共和国个人所得税法实施条例》第13—19条
《个人所得税专项附加扣除暂行办法》
《个人所得税专项附加扣除操作办法(试行)》

[典型案例]

海阳某甲房地产开发有限公司
与刘某旭民间借贷纠纷二审民事判决书[①]

裁判理由： 根据《中华人民共和国个人所得税法》第 3 条第 3 项"利息、股息、红利所得,财产租赁所得,财产转让所得和偶然所得,适用比例税率,税率为百分之二十";第 6 条第 1 款第 6 项的"利息、股息、红利所得和偶然所得,以每次收入额为应纳税所得额";第 9 条"个人所得税以所得人为纳税人,以支付所得的单位或者个人为扣缴义务人";第 10 条第 1 款第 3 项"取得应税所得,扣缴义务人未扣缴税款",纳税人应当依法办理纳税申报;第 10 条第 2 款"扣缴义务人应当按照国家规定办理全员全额扣缴申报,并向纳税人提供其个人所得和已扣缴税款等信息";第 13 条第 2 款"纳税人取得应税所得,扣缴义务人未扣缴税款的,纳税人应当在取得所得的次年六月三十日前,缴纳税款;税务机关通知限期缴纳的,纳税人应当按照期限缴纳税款"的规定,结合本案,虽然被上诉人所得利息需要申报缴纳个人所得税,理应由代缴义务人即上诉人予以代缴,但因上诉人在一、二审中并未提交证据证明其作为代缴义务人在 2019 年至 2022 年间就已向被上诉人支付的利息有向税务机关履行过代缴义务的完税票据或进行过申报,也无证据证明其与被上诉人对缴纳个人所得税的方式进行过约定。同时,考虑到上诉人并不能完全掌握被上诉人的个人信息、利息收入所得、应缴纳税款等相关信息,并且鉴于前期已支付的利息上诉人未履行过代缴义务或进行申报,被上诉人应在收到利息收入后根据其本人收入所得积极向税务机关自行申报缴纳个人所得税。故对上诉人提出的涉案利息应当扣除个

[①] （2024）鲁 06 民终 2886 号。

人所得税的上诉理由,本院依法不予支持。

第七条　【境外已纳税额抵免】居民个人从中国境外取得的所得,可以从其应纳税额中抵免已在境外缴纳的个人所得税税额,但抵免额不得超过该纳税人境外所得依照本法规定计算的应纳税额。

条文注释

2018年修改后的《中华人民共和国个人所得税法》引入"居民个人"和"非居民个人"的概念,而抵免条款是为了避免国际双重征税,针对的是境外所得,而只有居民个人对境外所得承担纳税义务,此处加以明确,与《中华人民共和国个人所得税法》第1条规定在逻辑上相衔接。

《中华人民共和国个人所得税法实施条例》针对本条内容,还做了以下规定:

1.居民个人从中国境内和境外取得的综合所得、经营所得,应当分别合并计算应纳税额;从中国境内和境外取得的其他所得,应当分别单独计算应纳税额。应注意,这里的"其他所得",是指2018年《中华人民共和国个人所得税法》第2条第1款中除综合所得、经营所得外列举的所得。这与2011年《中华人民共和国个人所得税法》第2条第11项"经国务院财政部门确定征税的其他所得"是有区别的。

2.本条所称已在境外缴纳的个人所得税税额,是指居民个人来源于中国境外的所得,依照该所得来源国家(地区)的法律应当缴纳并且实际已经缴纳的所得税税额。

3.本条所称纳税人境外所得依照本法规定计算的应纳税额,是指居民个人抵免已在境外缴纳的综合所得、经营所得以及其他所得的所得税税额的限额(即抵免限额)。除国务院财政、税务主管部门另有规定外,来源于中国境外一个国家(地区)的综合所得抵免限额、经营所得抵免限额以及其他所得抵免限额之和,为来源于该国家(地区)所得的抵免限额。居民个人在中国境外一个国家(地区)实际已经缴纳的个人所得税税额,低于依照上述规定计算出的来源于该国家(地区)所得的抵免限额的,应当在中国缴纳差额部分的税款;超过来源于该国家(地区)所得的抵免限额的,其超过部分不得在本纳税年度的应纳税额中抵免,但是可以在以后纳税年度来源于该国家(地区)所得的抵免限额的余额中补扣。补扣期限最长不得超过5年。

4. 居民个人申请抵免已在境外缴纳的个人所得税税额,应当提供境外税务机关出具的税款所属年度的有关纳税凭证。

关联法规

《中华人民共和国个人所得税法实施条例》第20-22条

第八条 【纳税调整】有下列情形之一的,税务机关有权按照合理方法进行纳税调整:

(一)个人与其关联方之间的业务往来不符合独立交易原则而减少本人或者其关联方应纳税额,且无正当理由;

(二)居民个人控制的,或者居民个人和居民企业共同控制的设立在实际税负明显偏低的国家(地区)的企业,无合理经营需要,对应当归属于居民个人的利润不作分配或者减少分配;

(三)个人实施其他不具有合理商业目的的安排而获取不当税收利益。

税务机关依照前款规定作出纳税调整,需要补征税款的,应当补征税款,并依法加收利息。

条文注释

本条分别从独立交易原则、受控外国企业、一般反避税三个方面作出反避税规定。2018年《中华人民共和国个人所得税法》首次确认税务机关有权进行个人所得税纳税调整。

1. 关于第1款第1项。(1)对于"关联方"和"独立交易原则",参考《中华人民共和国企业所得税法实施条例》,其第109

条规定:"企业所得税法第四十一条所称关联方,是指与企业有下列关联关系之一的企业、其他组织或者个人:(一)在资金、经营、购销等方面存在直接或者间接的控制关系;(二)直接或者间接地同为第三者控制;(三)在利益上具有相关联的其他关系。"第110条同时规定:"企业所得税法第四十一条所称独立交易原则,是指没有关联关系的交易各方,按照公平成交价格和营业常规进行业务往来遵循的原则。"(2)对于"正当理由",可参考《股权转让所得个人所得税管理办法(试行)》(国家税务总局公告2014年第67号)第13条规定,个人股权转让收入明显偏低可以不做调整的正当理由是:能出具有效文件,证明被投资企业因国家政策调整,生产经营受到重大影响,导致低价转让股权;继承或将股权转让给其能提供具有法律效力身份关系证明的配偶、父母、子女、祖父母、外祖父母、孙子女、外孙子女、兄弟姐妹以及对转让人承担直接抚养或者赡养义务的抚养人或者赡养人;相关法律、政府文件或企业章程规定,并有相关资料充分证明转让价格合理且真实的本企业员工持有的不能对外转让股权的内部转让;股权转让双方能够提供有效证据证明其合理性的其他合理情形。

2.关于第1款第2项。(1)对于"控制",可参考《特别纳税调整实施办法(试行)》(国税发〔2009〕2号)第77条规定,即是指在股份、资金、经营、购销等方面构成实质控制。(2)对于"无合理经营需要"和"利润不作分配或者减少分配"的理解,可参考《特别纳税调整实施办法(试行)》第84条规定,即中国居民企业股东能够提供资料证明其控制的外国企业满足以下条件之一的,可免于将外国企业不作分配或减少分配的利润视同股息分配额,计入中国居民企业股东的当期所得:设立在国家税务总局指定的非低税率国家(地区);主要取得积极经营活动所得;年度利润总额低于500万元人民币。

3.关于第1款第3项。这是对关联交易、受控外国企业之外的避税手段进行纳税调整的兜底条款。"不具有合理商业目的",是指具有以下特征的避税安排:(1)以获取税收利益为唯一目的或者主要目的;(2)以形式符合税法规定,但与其经济实质不符的方式获取税收利益。

根据《中华人民共和国个人所得税法实施条例》,本条第2款规定的利息,应当按照税款所属纳税申报期最后一日中国人民银行公布的与补税期间同期的人民币贷款基准利率计算,自税款纳税申报期满次日起至补缴税款期限届满之日止按日加收。纳税人在补缴税款期限届满前补缴税款的,利息加收至补缴税款之日。

关联法规

《中华人民共和国个人所得税法实施条例》第23条

第九条 【纳税人与扣缴义务人】 个人所得税以所得人为纳税人,以支付所得的单位或者个人为扣缴义务人。

纳税人有中国公民身份号码的,以中国公民身份号码为纳税人识别号;纳税人没有中国公民身份号码的,由税务机关赋予其纳税人识别号。扣缴义务人扣缴税款时,纳税人应当向扣缴义务人提供纳税人识别号。

条文注释

纳税人是法律、行政法规规定负有纳税义务的单位和个人。扣缴义务人是法律、行政法规规定负有代扣代缴、代收代缴义务的单位和个人。本条所称的"扣缴税款",指的是代扣代缴税款,即扣缴义务人在支付所得时直接扣除应纳税款并缴库,并不包括纳税人收取税款的代收代缴税款行为。扣缴义务人直接持有纳税人的收入,从中直接扣除纳税人的应纳税款。

根据《中华人民共和国个人所得税法实施条例》的规定,扣缴义务人向个人支付应税款项时,应当依照《中华人民共和国个人所得税法》规定预扣或者代扣税款,按时缴库,并专项记载备查。前述所称支付,包括现金支付、汇拨支付、转账支付和以有价证券、实物以及其他形式的支付。

关联法规

《中华人民共和国个人所得税法实施条例》第 24 条

《个人所得税管理办法》

《国家税务总局关于自然人纳税人识别号有关事项的公告》

《国家税务总局关于纳税人权利与义务的公告》

典型案例

某某公司与陈某劳动合同纠纷一审民事判决书[①]

裁判理由：居民个人取得综合所得，按年计算个人所得税，有扣缴义务人的，由扣缴义务人按月或者按次预扣预缴税款。缴纳个人所得税系被告的法定义务，被告为缴税义务人，用人单位作为代扣代缴义务人履行代扣代缴税款的义务后，有权向纳税义务人要求返还。根据庭审查明的事实，原告代为申报被告所得项目产生的个人所得税，经税务机关核算并代缴了被告相关收入所产生的个人所得税 18,002.75 元，有权向被告主张返还，被告关于税费应由公司承担、未与其提前沟通超出其预期的抗辩意见，于法无据，本院不予采信。

> **第十条 【纳税申报】** 有下列情形之一的，纳税人应当依法办理纳税申报：
> （一）取得综合所得需要办理汇算清缴；
> （二）取得应税所得没有扣缴义务人；
> （三）取得应税所得，扣缴义务人未扣缴税款；
> （四）取得境外所得；

---

① （2024）沪 0117 民初 17686 号。

（五）因移居境外注销中国户籍；

（六）非居民个人在中国境内从两处以上取得工资、薪金所得；

（七）国务院规定的其他情形。

扣缴义务人应当按照国家规定办理全员全额扣缴申报，并向纳税人提供其个人所得和已扣缴税款等信息。

条文注释

2018年修改后的《中华人民共和国个人所得税法》，对自行申报的条件做了修改，此前规定自行申报条件只有4条，修改后增加到7条，变化有：（1）取消了超过国务院规定数额（即年所得12万元以上）自行申报的规定；（2）增加了汇算清缴的要求；（3）对未扣缴税款的情形进行明确；（4）增加了取得境外所得自行申报的义务；（5）增加了退籍清税的规定；（6）将从2处以上取得工资、薪金所得需要自行申报的纳税人范围单独限定为非居民个人。

一、自行纳税申报

（一）综合所得汇算清缴

本条第1款第1项规定取得综合所得需要办理汇算清缴。汇算清缴主要是指居民个人取得综合所得，也就是工资、薪金所得，劳务报酬所得，稿酬所得或者特许权使用费所得，符合规定情形的，需要办理汇算清缴。需要注意的是：其一，该情形只适用于居民个人，非居民个人取得综合所得有扣缴义务人的，由扣缴义务人按月或者按次代扣代缴税款，不办理汇算清缴。其二，并非只要取得综合所得，都需要进行汇算清缴，特定情形的综合所得无须办理汇算清缴。

根据《中华人民共和国个人所得税法实施条例》，取得综合所得需要办理汇算清缴的情形包括：（1）从两处以上取得综合所得，且综合所得年收入额减除专项扣除的余额超过6万元；

(2)取得劳务报酬所得、稿酬所得、特许权使用费所得中一项或者多项所得,且综合所得年收入额减除专项扣除的余额超过6万元;(3)纳税年度内预缴税额低于应纳税额;(4)纳税人申请退税。此外,根据《中华人民共和国个人所得税法实施条例》的规定,纳税人申请退税,应当提供其在中国境内开设的银行账户,并在汇算清缴地就地办理税款退库。汇算清缴的具体办法由国务院税务主管部门制定。

(二)取得应税所得没有扣缴义务人

纳税人取得了应税所得而没有扣缴义务人的情形,一般如下:(1)取得生产经营所得,个体工商户、个人独资合伙企业投资者以及对企事业的承包承租经营人取得经营所得的计算方式不同,税法也规定了单独的申报义务,可视为没有扣缴义务人;(2)部分偶然所得,如拾得财物,由于没有支付方,自然就没有扣缴义务人;(3)取得境外所得,境外支付方不可能代为扣缴申报个人所得税,也可视为无扣缴义务人(应注意,《中华人民共和国个人所得税法》第10条第1款第4项将其单独作为一种情形要求自行申报)。

(三)取得应税所得,扣缴义务人未扣缴税款

对于有扣缴义务人却没有扣缴的行为,2018年《中华人民共和国个人所得税法》明确了此种情形下纳税人的自行申报义务。同时,《中华人民共和国税收征收管理法》第69条规定了扣缴义务人应扣未扣税款的,由税务机关向纳税人追缴税款,并对扣缴义务人处以相应罚款。

《国家税务总局关于个人所得税自行纳税申报有关问题的公告》规定:"纳税人取得应税所得,扣缴义务人未扣缴税款的,应当区别以下情形办理纳税申报:(一)居民个人取得综合所得的,按照本公告第一条办理。(二)非居民个人取得工资、薪金所得,劳务报酬所得,稿酬所得,特许权使用费所得的,应当在取得所得的次年6月30日前,向扣缴义务人所在地主管税务机关办

理纳税申报,并报送《个人所得税自行纳税申报表(A表)》。有两个以上扣缴义务人均未扣缴税款的,选择向其中一处扣缴义务人所在地主管税务机关办理纳税申报。非居民个人在次年6月30日前离境(临时离境除外)的,应当在离境前办理纳税申报。(三)纳税人取得利息、股息、红利所得,财产租赁所得,财产转让所得和偶然所得的,应当在取得所得的次年6月30日前,按相关规定向主管税务机关办理纳税申报,并报送《个人所得税自行纳税申报表(A表)》。税务机关通知限期缴纳的,纳税人应当按照期限缴纳税款。"

(四)取得境外所得

根据《财政部、税务总局关于境外所得有关个人所得税政策的公告》(财政部、税务总局公告2020年第3号)的规定,下列所得,为来源于中国境外的所得:(1)因任职、受雇、履约等在中国境外提供劳务取得的所得。(2)中国境外企业以及其他组织支付且负担的稿酬所得。(3)许可各种特许权在中国境外使用而取得的所得。(4)在中国境外从事生产、经营活动而取得的与生产、经营活动相关的所得。(5)从中国境外企业、其他组织以及非居民个人取得的利息、股息、红利所得。(6)将财产出租给承租人在中国境外使用而取得的所得。(7)转让中国境外的不动产、转让对中国境外企业以及其他组织投资形成的股票、股权以及其他权益性资产(以下称权益性资产)或者在中国境外转让其他财产取得的所得。但转让对中国境外企业以及其他组织投资形成的权益性资产,该权益性资产被转让前三年(连续36个公历月份)内的任一时间,被投资企业或其他组织的资产公允价值50%以上直接或间接来自位于中国境内的不动产的,取得的所得为来源于中国境内的所得。(8)中国境外企业、其他组织以及非居民个人支付且负担的偶然所得。(9)财政部、税务总局另有规定的,按照相关规定执行。

《财政部、税务总局关于境外所得有关个人所得税政策的公告》规定:"居民个人应当依照个人所得税法及其实施条例规定,按照以下方法计算当期境内和境外所得应纳税额:(一)居民个人来源于中国境外的综合所得,应当与境内综合所得合并计算应纳税额;(二)居民个人来源于中国境外的经营所得,应当与境内经营所得合并计算应纳税额。居民个人来源于境外的经营所得,按照个人所得税法及其实施条例的有关规定计算的亏损,不得抵减其境内或他国(地区)的应纳税所得额,但可以用来源于同一国家(地区)以后年度的经营所得按中国税法规定弥补;(三)居民个人来源于中国境外的利息、股息、红利所得,财产租赁所得,财产转让所得和偶然所得(以下称其他分类所得),不与境内所得合并,应当分别单独计算应纳税额。"

根据《财政部、税务总局关于境外所得有关个人所得税政策的公告》的规定,居民个人在一个纳税年度内来源于中国境外的所得,依照所得来源国家(地区)税收法律规定在中国境外已缴纳的所得税税额允许在抵免限额内从其该纳税年度应纳税额中抵免。居民个人来源于一国(地区)的综合所得、经营所得以及其他分类所得项目的应纳税额为其抵免限额,按照下列公式计算:(1)来源于一国(地区)综合所得的抵免限额=中国境内和境外综合所得依照《财政部、税务总局关于境外所得有关个人所得税政策的公告》第2条规定计算的综合所得应纳税额×来源于该国(地区)的综合所得收入额÷中国境内和境外综合所得收入额合计。(2)来源于一国(地区)经营所得的抵免限额=中国境内和境外经营所得依照《财政部、税务总局关于境外所得有关个人所得税政策的公告》第2条规定计算的经营所得应纳税额×来源于该国(地区)的经营所得应纳税所得额÷中国境内和境外经营所得应纳税所得额合计。(3)来源于一国(地区)其他分类所得的抵免限额=该国(地区)的其他分类所得依照《财政部、税务总局关于境外所得有关个人所得税政策的公告》第2条规定计算的应纳税额。(4)来源于一国(地区)所得的抵免限额=

来源于该国(地区)综合所得抵免限额+来源于该国(地区)经营所得抵免限额+来源于该国(地区)其他分类所得抵免限额。

应注意的是,《中华人民共和国个人所得税法》第 10 条第 1 款第 4 项并未区分是否有扣缴义务人,规定取得境外所得应办理纳税申报。

(五)因移居境外注销中国户籍

《国家税务总局关于个人所得税自行纳税申报有关问题的公告》(国家税务总局公告 2018 年第 62 号)规定:"纳税人因移居境外注销中国户籍的,应当在申请注销中国户籍前,向户籍所在地主管税务机关办理纳税申报,进行税款清算。(一)纳税人在注销户籍年度取得综合所得的,应当在注销户籍前,办理当年综合所得的汇算清缴,并报送《个人所得税年度自行纳税申报表》。尚未办理上一年度综合所得汇算清缴的,应当在办理注销户籍纳税申报时一并办理。(二)纳税人在注销户籍年度取得经营所得的,应当在注销户籍前,办理当年经营所得的汇算清缴,并报送《个人所得税经营所得纳税申报表(B 表)》。从两处以上取得经营所得的,还应当一并报送《个人所得税经营所得纳税申报表(C 表)》。尚未办理上一年度经营所得汇算清缴的,应当在办理注销户籍纳税申报时一并办理。(三)纳税人在注销户籍当年取得利息、股息、红利所得,财产租赁所得,财产转让所得和偶然所得的,应当在注销户籍前,申报当年上述所得的完税情况,并报送《个人所得税自行纳税申报表(A 表)》。(四)纳税人有未缴或者少缴税款的,应当在注销户籍前,结清欠缴或未缴的税款。纳税人存在分期缴税且未缴纳完毕的,应当在注销户籍前,结清尚未缴纳的税款。(五)纳税人办理注销户籍纳税申报时,需要办理专项附加扣除、依法确定的其他扣除的,应当向税务机关报送《个人所得税专项附加扣除信息表》《商业健康保险税前扣除情况明细表》《个人税收递延型商业养老保险税前扣除情况明细表》等。"

二、全员全额扣缴申报

本条第 2 款所称全员全额扣缴申报,是指扣缴义务人在代扣税款的次月 15 日内,向主管税务机关报送其支付所得的所有个人的有关信息、支付所得数额、扣除事项和数额、扣缴税款的具体数额和总额以及其他相关涉税信息资料。

《个人所得税扣缴申报管理办法(试行)》(国家税务总局公告 2018 年第 61 号)第 4 条规定了实行个人所得税全员全额扣缴申报的应税所得的范围包括:工资、薪金所得;劳务报酬所得;稿酬所得;特许权使用费所得;利息、股息、红利所得;财产租赁所得;财产转让所得;偶然所得,即除"经营所得"之外的所有类型的应税所得。

关联法规

《中华人民共和国个人所得税法实施条例》第 26、27 条

《个人所得税扣缴申报管理办法(试行)》

《国家税务总局关于个人所得税自行纳税申报有关问题的公告》

《国家税务总局关于修订个人所得税申报表的公告》

典型案例

王某丽与何某美、高某军不当得利纠纷一审民事判决书[①]

裁判理由:关于滞纳金的负担问题。《中华人民共和国税收征收管理法》第 32 条规定:"纳税人未按照规定期限缴纳税款的,扣缴义务人未按照规定期限解缴税款的,税务机关除责令限期缴纳外,从滞纳税款之日起,按日加收滞纳税款万分之五的滞纳金。"《中

---

① (2024)鲁 0322 民初 79 号。

华人民共和国个人所得税法》第 10 条规定,有下列情形之一的,纳税人应当依法办理纳税申报:取得应税所得,扣缴义务人未扣缴税款。扣缴义务人未缴纳税款的,纳税人应当依法办理纳税申报,故纳税申报是纳税人的义务,纳税人没有按时申报缴纳税款,应依法支付滞纳金。本案中,被告何某美、高某军作为纳税人应当负担滞纳金的支付义务,也未能举证证明滞纳金产生系由原告王某丽的原因所发生,故本案中两被告何某美、高某军为滞纳金的支付主体。

第十一条 【综合所得申报和缴纳】居民个人取得综合所得,按年计算个人所得税;有扣缴义务人的,由扣缴义务人按月或者按次预扣预缴税款;需要办理汇算清缴的,应当在取得所得的次年三月一日至六月三十日内办理汇算清缴。预扣预缴办法由国务院税务主管部门制定。

居民个人向扣缴义务人提供专项附加扣除信息的,扣缴义务人按月预扣预缴税款时应当按照规定予以扣除,不得拒绝。

非居民个人取得工资、薪金所得,劳务报酬所得,稿酬所得和特许权使用费所得,有扣缴义务人的,由扣缴义务人按月或者按次代扣代缴税款,不办理汇算清缴。

条文注释

2018 年修改后的《中华人民共和国个人所得税法》,将工资、薪金所得,劳务报酬所得,稿酬所得和特许权使用费所得由原来的按月按次计征改成综合所得按年计算个税,同时规定采用按月按次预扣预缴和按年汇算清缴结合的征管方法。居民个人取得综合所得,按年计算个人所得税,平时由扣缴义务人预扣预缴,次年对全年的应缴税款进行汇算清缴,多退少补。

1. 预扣预缴。《国家税务总局关于全面实施新个人所得税法若干征管衔接问题的公告》(国家税务总局公告 2018 年第 56 号)对个人取得工资、薪金所得,劳务报酬所得,稿酬所得,特许权使用费所得预扣预缴个人所得税的计算方法作出了明确规定。

2. 汇算清缴。《中华人民共和国个人所得税法实施条例》第 25 条和《个人所得税专项附加扣除操作办法（试行）》规定了取得综合所得需要办理汇算清缴的 5 种情形：(1) 从两处以上取得综合所得，且综合所得年收入额减除专项扣除的余额超过 6 万元；(2) 取得劳务报酬所得、稿酬所得、特许权使用费所得中一项或者多项所得，且综合所得年收入额减除专项扣除的余额超过 6 万元；(3) 纳税年度内预缴税额低于应纳税额；(4) 纳税人申请退税；(5) 需要享受大病医疗专项附加扣除。另外，不需要进行汇算清缴的情形有：(1) 对于只取得一处工资薪金所得的纳税人，可在日常预缴环节缴纳全部税款的，不需办理汇算清缴；(2) 非居民个人取得工资、薪金所得，劳务报酬所得，稿酬所得和特许权使用费所得，有扣缴义务人的，由扣缴义务人按月或者按次代扣代缴税款，不办理汇算清缴。

此外，《中华人民共和国个人所得税法》第 11 条、《中华人民共和国个人所得税法实施条例》以及相关规范性文件明确了综合所得纳税人和扣缴义务人在个人所得税申报缴纳中的权利和义务。具体而言：

1. 纳税人方面。其权利是：(1) 可以向扣缴义务人提供专项附加扣除有关信息，由扣缴义务人扣缴税款时减除专项附加扣除。(2) 可以委托扣缴义务人或者其他单位和个人办理汇算清缴。(3) 发现扣缴义务人提供或者扣缴申报的个人信息、所得、扣缴税款等与实际情况不符的，有权要求扣缴义务人修改。(4) 汇算清缴后申请退税。其义务是：(1) 未委托扣缴义务人或者其他单位和个人办理汇算清缴的，应自行办理汇算清缴申报。(2) 同时从两处以上取得工资、薪金所得，并由扣缴义务人减除专项附加扣除的，对同一专项附加扣除项目，在一个纳税年度内只能选择从一处取得的所得中减除。(3) 取得劳务报酬所得、稿酬所得、特许权使用费所得，应当在汇算清缴时向税务机关提供有关信息,减除专项附加扣除。(4)申请退税时,应当提供其在中国境内开设的银行账户,并在汇算清缴地就地办理税款退库。(5)扣缴义务人提供或者扣缴申报的个人信息、所得、扣缴税款等与实际情况不符,扣缴义务人拒绝修改的,纳税人应当报告税务机关。(6)按照规定保存与专项附加扣除相关的资料。

2. 扣缴义务人方面。其权利主要是,对按照所扣缴的税款,由税务机关给付2%的手续费。其义务是:(1)按月或者按次预扣预缴税款。(2)接受委托为纳税人办理汇算清缴。(3)应当根据纳税人提供的专项附加扣除信息,按照规定予以扣除,不得拒绝。(4)应当按照纳税人提供的信息计算办理扣缴申报,不得擅自更改纳税人提供的信息。(5)按照规定保存与专项附加扣除相关的资料。

关联法规

《中华人民共和国个人所得税法实施条例》第25、28-30条

《国家税务总局关于全面实施新个人所得税法若干征管衔接问题的公告》

第十二条 【分类所得申报和缴纳】纳税人取得经营所得,按年计算个人所得税,由纳税人在月度或者季度终了后十五日内向税务机关报送纳税申报表,并预缴税款;在取得所得的次年三月三十一日前办理汇算清缴。

纳税人取得利息、股息、红利所得,财产租赁所得,财产转让所得和偶然所得,按月或者按次计算个人所得税,有扣缴义务人的,由扣缴义务人按月或者按次代扣代缴税款。

条文注释

一、关于经营所得

其申报主体是从事生产经营的个人、个体工商户、个人独资企业投资人、合伙企业的个人合伙人和其他从事生产经营的个人。征收方式分为:(1)查账征收。由纳税人依据账簿记载,先自行计算缴纳,事后经税务机关查账核实,如有不符,可多退少

补。(2)核定征收。《中华人民共和国个人所得税法实施条例》第15条第3款对经营所得的核定征收作出规定:"从事生产、经营活动,未提供完整、准确的纳税资料,不能正确计算应纳税所得额的,由主管税务机关核定应纳税所得额或者应纳税额。"

二、关于其他分类所得

取得利息、股息、红利所得,财产租赁所得,财产转让所得和偶然所得,属于经营所得之外的分类所得,在发生时按月或者按次计算个人所得税。有扣缴义务人的,由扣缴义务人按月或者按次代扣代缴税款。年度终了不必进行汇算清缴。

`典型案例`

宁夏某某公司、陆某某不当得利纠纷民事一审民事判决书[①]

裁判理由: 不当得利是指无法律使他人利益遭受损失而自己获得利益的事实,受损人有权要求返还不当利益。构成不当得利应该符合四个方面:一方获利;一方受损;受损与获利之间存在因果关系;获利的一方获取的利益没有合法依据。根据《中华人民共和国个人所得税法》第12条第2款"纳税人取得利息、股息、红利所得,财产租赁所得,财产转让所得和偶然所得,按月或者按次计算个人所得税,有扣缴义务人的,由扣缴义务人按月或者按次代扣代缴税款"之规定,被告获得原告支付的利息355000元,作为法定纳税人应依法缴纳个人所得税71000元,现该笔税款已由原告代缴,被告已免除了向税务机关缴纳税款的义务,据此获得利益,属于不当得利,原告要求被告返还该笔款项及自立案之日起按照年利率3.45%支付款项付清为止的利息损失的诉讼请求有事实及法律依据,本院予以支持。

---

① (2024)宁0502民初1732号。

第十三条 【五种情形的自行申报期限】纳税人取得应税所得没有扣缴义务人的,应当在取得所得的次月十五日内向税务机关报送纳税申报表,并缴纳税款。

纳税人取得应税所得,扣缴义务人未扣缴税款的,纳税人应当在取得所得的次年六月三十日前,缴纳税款;税务机关通知限期缴纳的,纳税人应当按照期限缴纳税款。

居民个人从中国境外取得所得的,应当在取得所得的次年三月一日至六月三十日内申报纳税。

非居民个人在中国境内从两处以上取得工资、薪金所得的,应当在取得所得的次月十五日内申报纳税。

纳税人因移居境外注销中国户籍的,应当在注销中国户籍前办理税款清算。

条文注释

《中华人民共和国个人所得税法》第10条列举了7种需要自行纳税申报的情形。与之相对应,第11条对综合所得、第12条对经营所得和其他分类所得的纳税申报做了明确规定,第13条对除兜底条款之外其他5种特殊情形的纳税申报做了规定。

第十四条 【税款入库与退库】扣缴义务人每月或者每次预扣、代扣的税款,应当在次月十五日内缴入国库,并向税务机关报送扣缴个人所得税申报表。

纳税人办理汇算清缴退税或者扣缴义务人为纳税人办理汇算清缴退税的,税务机关审核后,按照国库管理的有关规定办理退税。

条文注释

本条第1款规定扣缴义务人在发放所得的当月要进行扣缴,并在次月进行申报入库。第2款规定了办理退税的对象及办理退税的流程。《中华人民共和国个人所得税法实施条例》中明确了退税对汇算清缴信息准确性的要求,同时也保障了纳税人在扣缴义务人已扣未缴的情况下申请退税的权利。关于退税的时限问题,《中华人民共和国税收征收管理法实施细则》第78条第1款明确规定:"税务机关发现纳税人多缴税款的,应当自发现之日起10日内办理退还手续;纳税人发现多缴税款,要求退还的,税务机关应当自接到纳税人退还申请之日起30日内查实并办理退还手续。"

关联法规

《中华人民共和国个人所得税法实施条例》第31条

> **第十五条 【综合管理】**公安、人民银行、金融监督管理等相关部门应当协助税务机关确认纳税人的身份、金融账户信息。教育、卫生、医疗保障、民政、人力资源社会保障、住房城乡建设、公安、人民银行、金融监督管理等相关部门应当向税务机关提供纳税人子女教育、继续教育、大病医疗、住房贷款利息、住房租金、赡养老人等专项附加扣除信息。
>
> 个人转让不动产的,税务机关应当根据不动产登记等相关信息核验应缴的个人所得税,登记机构办理转移登记时,应当查验与该不动产转让相关的个人所得税的完税凭证。个人转让股权办理变更登记的,市场主体登记机关应当查验与该股权交易相关的个人所得税的完税凭证。
>
> 有关部门依法将纳税人、扣缴义务人遵守本法的情况纳入信用信息系统,并实施联合激励或者惩戒。

条文注释

2018年修改后的《中华人民共和国个人所得税法》,明确了配合的部门和共享的信息内容。第1款规定的信息共享内容主要分为两部分:一部分是身份、金融账户信息,另一部分是专项附加扣除信息。同时新增规定,办理不动产转让登记、股权变更登记需要进行完税证明前置流程。

关联法规

《国务院关于建立完善守信联合激励和失信联合惩戒制度加快推进社会诚信建设的指导意见》

典型案例

吴某红、朱某嫦等股权转让纠纷民事二审民事判决书[①]

裁判理由:《中华人民共和国个人所得税法》第15条第2款规定:"个人转让不动产的,税务机关应当根据不动产登记等相关信息核验应缴的个人所得税,登记机构办理转移登记时,应当查验与该不动产转让相关的个人所得税的完税凭证。个人转让股权办理变更登记的,市场主体登记机关应当查验与该股权交易相关的个人所得税的完税凭证。"根据上述规定,缴纳个人所得税系股权转让的前置条件。此外,《国家税务总局广东省税务局广东省市场监督管理局关于个人转让股权有关事项的通告》第1条亦明确"企业自然人股东发生股权转让行为的,在向市场主体登记机关申请办理相关变更登记前,股权转让个人所得税的扣缴义务人、纳税人"。在这种背景下,因办理股权变更必然会涉及纳税问题,故办理股权变更时涉及的个人所得税也应当属于附注约定所称的"国家应收税费"的范围,最终也应当由吴某红、黄某洁承担。

第十六条 【本位币】各项所得的计算,以人民币为单位。所得为人民币以外的货币的,按照人民币汇率中间价折合成人民币缴纳税款。

[①] (2024)粤07民终849号。

条文注释

本条规定了外币所得的计算和缴纳规则,《中华人民共和国个人所得税法实施条例》进一步说明了中间价折算方法。所得为人民币以外货币的,按照办理纳税申报或者扣缴申报的上一月最后一日人民币汇率中间价,折合成人民币计算应纳税所得额。年度终了后办理汇算清缴的,对已经按月、按季或者按次预缴税款的人民币以外货币所得,不再重新折算;对应当补缴税款的所得部分,按照上一纳税年度最后一日人民币汇率中间价,折合成人民币计算应纳税所得额。

关联法规

《中华人民共和国个人所得税法实施条例》第32条

第十七条 【手续费】 对扣缴义务人按照所扣缴的税款,付给百分之二的手续费。

条文注释

税务机关按照本条的规定付给扣缴义务人手续费,应当填开退还书;扣缴义务人凭退还书,按照国库管理有关规定办理退库手续。

关联法规

《中华人民共和国个人所得税法实施条例》第33条

第十八条 【储蓄存款利息所得】 对储蓄存款利息所得开征、减征、停征个人所得税及其具体办法,由国务院规定,并报全国人民代表大会常务委员会备案。

条文注释

2018年修改后的《中华人民共和国个人所得税法》,增加了报全国人大常委会备案的规定。应注意的是,《财政部、国家税务总局关于储蓄存款利息所得有关个人所得税政策的通知》(财税〔2008〕132号)规定:"为配合国家宏观调控政策需要,经国务院批准,自 2008 年 10 月 9 日起,对储蓄存款利息所得暂免征收个人所得税。"这里的储蓄存款利息所得免税,指的是银行储蓄存款利息。而个人取得非银行存款的利息收入,仍应缴纳个人所得税。

第十九条 【法律责任】纳税人、扣缴义务人和税务机关及其工作人员违反本法规定的,依照《中华人民共和国税收征收管理法》和有关法律法规的规定追究法律责任。

条文注释

本条为 2018 年修改《中华人民共和国个人所得税法》时新增的法条,是在散落于一些个人所得税征收管理规章、规范性文件中类似表述的基础上的进一步提升,是对法律责任和有关程序规定的法律渊源的重申。它和《中华人民共和国税收征收管理法》《中华人民共和国税收征收管理法实施细则》《中华人民共和国刑法》等法律有机结合,通过强调纳税人、扣缴义务人、税务机关及其工作人员违反《中华人民共和国个人所得税法》应该承担的法律责任,震慑税收违法行为,保障国家税收利益,同时也有助于规范税务机关及税务人员的公权力行为,维护税务行政相对人的合法权益。

第二十条 【征收管理】个人所得税的征收管理,依照本法和《中华人民共和国税收征收管理法》的规定执行。

条文注释

《中华人民共和国税收征收管理法》第 2 条明确规定:"凡依法由税务机关征收的各种税收的征收管理,均适用本法。"2018 年修改后的《中华人民共和国个人所得税法》增加了很多征收管理方面的内容,如汇算清缴退税、反避税、社会综合治税等。个人所得税的征管既要依照《中华人民共和国税收征收管理法》,又要依照《中华人民共和国个人所得税法》的新规定。同时,不同群体和行业的个人所得税,又各有特点,需要采取有针对性的征管措施。所以针对个体工商户、境外所得、广告市场、建筑安装业、演出市场、机动出租车驾驶员的不同特点,又有规章、规范性文件层面的征收管理办法作为《中华人民共和国税收征收管理法》和《中华人民共和国个人所得税法》征管措施的细化和补充。

关联法规

《中华人民共和国个人所得税法实施条例》第34、35条

《个体工商户建账管理暂行办法》

《广告市场个人所得税征收管理暂行办法》

《建筑安装业个人所得税征收管理暂行办法》

《演出市场个人所得税征收管理暂行办法》

《机动出租车驾驶员个人所得税征收管理暂行办法》

第二十一条　【实施条例制定】国务院根据本法制定实施条例。

条文注释

《中华人民共和国个人所得税法实施条例》由国务院制定,属于行政法规,其效力层级低于《中华人民共和国个人所得税法》,主要细化《中华人民共和国个人所得税法》的相关制度规定和征管措施。2018年12月国务院对1994年1月制定的《中华人民共和国个人所得税法实施条例》进行了第四次修订,这次修订主要遵循以下指导思想:(1)落实修正后《中华人民共和国个人所得税法》的规定,保障综合与分类相结合的个人所得税制度顺利实施,明确收入来源地规则、各项应税所得范围等税制基本要素;(2)按照既要方便纳税人,又要加强征管的原则,理顺税收征管流程,简便征管措施,细化税额计算、纳税申报、汇算清缴及退税等内容;(3)将实践中的成熟做法上升为行政法规,完善反避税措施、信息共享等相关规定。

第二十二条 【施行日期】本法自公布之日起施行。

条文注释

《中华人民共和国个人所得税法》于1980年9月10日通过,历经七次修正。第七次修改决定于2018年8月31日发布,该修改决定的内容于2019年1月1日起生效。

《中华人民共和国个人所得税法实施条例》于1994年1月28日发布,历经四次修改。修订后《中华人民共和国个人所得税法实施条例》的发布日期是2018年12月18日,自2019年1月1日起施行。

个人所得税税率表一

（综合所得适用）

级数	全年应纳税所得额	税率(%)
1	不超过36000元的	3
2	超过36000元至144000元的部分	10
3	超过144000元至300000元的部分	20
4	超过300000元至420000元的部分	25
5	超过420000元至660000元的部分	30
6	超过660000元至960000元的部分	35
7	超过960000元的部分	45

（注1:本表所称全年应纳税所得额是指依照本法第六条的规定,居民个人取得综合所得以每一纳税年度收入额减除费用六万元以及专项扣除、专项附加扣除和依法确定的其他扣除后的余额。

注2:非居民个人取得工资、薪金所得,劳务报酬所得,稿酬所得和特许权使用费所得,依照本表按月换算后计算应纳税额。）

个人所得税税率表二

（经营所得适用）

级数	全年应纳税所得额	税率(%)
1	不超过 30000 元的	5
2	超过 30000 元至 90000 元的部分	10
3	超过 90000 元至 300000 元的部分	20
4	超过 300000 元至 500000 元的部分	30
5	超过 500000 元的部分	35

（注：本表所称全年应纳税所得额是指依照本法第六条的规定，以每一纳税年度的收入总额减除成本、费用以及损失后的余额。）

附 录

一、综合规定

中华人民共和国个人所得税法实施条例

（1994年1月28日国务院令第142号发布 根据2005年12月19日国务院令第452号《关于修改〈中华人民共和国个人所得税法实施条例〉的决定》第一次修订 根据2008年2月18日国务院令第519号《关于修改〈中华人民共和国个人所得税法实施条例〉的决定》第二次修订 根据2011年7月19日国务院令第600号《关于修改〈中华人民共和国个人所得税法实施条例〉的决定》第三次修订 2018年12月18日国务院令第707号第四次修订）

第一条 根据《中华人民共和国个人所得税法》（以下简称个人所得税法），制定本条例。

第二条 个人所得税法所称在中国境内有住所，是指因户籍、家庭、经济利益关系而在中国境内习惯性居住；所称从中国境内和境外取得的所得，分别是指来源于中国境内的所得和来源于中国境外的所得。

第三条　除国务院财政、税务主管部门另有规定外，下列所得，不论支付地点是否在中国境内，均为来源于中国境内的所得：

（一）因任职、受雇、履约等在中国境内提供劳务取得的所得；

（二）将财产出租给承租人在中国境内使用而取得的所得；

（三）许可各种特许权在中国境内使用而取得的所得；

（四）转让中国境内的不动产等财产或者在中国境内转让其他财产取得的所得；

（五）从中国境内企业、事业单位、其他组织以及居民个人取得的利息、股息、红利所得。

第四条　在中国境内无住所的个人，在中国境内居住累计满183天的年度连续不满六年的，经向主管税务机关备案，其来源于中国境外且由境外单位或者个人支付的所得，免予缴纳个人所得税；在中国境内居住累计满183天的任一年度中有一次离境超过30天的，其在中国境内居住累计满183天的年度的连续年限重新起算。

第五条　在中国境内无住所的个人，在一个纳税年度内在中国境内居住累计不超过90天的，其来源于中国境内的所得，由境外雇主支付并且不由该雇主在中国境内的机构、场所负担的部分，免予缴纳个人所得税。

第六条　个人所得税法规定的各项个人所得的范围：

（一）工资、薪金所得，是指个人因任职或者受雇取得的工资、薪金、奖金、年终加薪、劳动分红、津贴、补贴以及与任职或者受雇有关的其他所得。

（二）劳务报酬所得，是指个人从事劳务取得的所得，包括从事设计、装潢、安装、制图、化验、测试、医疗、法律、会计、咨询、讲学、翻译、审稿、书画、雕刻、影视、录音、录像、演出、表演、广告、展览、技术服务、介绍服务、经纪服务、代办服务以及其他劳务取得的所得。

（三）稿酬所得，是指个人因其作品以图书、报刊等形式出版、发表而取得的所得。

（四）特许权使用费所得，是指个人提供专利权、商标权、著作权、非专利技术以及其他特许权的使用权取得的所得；提供著作权的使用权取得的所得，不包括稿酬所得。

（五）经营所得，是指：

1. 个体工商户从事生产、经营活动取得的所得，个人独资企业投资人、合伙企业的个人合伙人来源于境内注册的个人独资企业、合伙企业生产、经营的所得；

2. 个人依法从事办学、医疗、咨询以及其他有偿服务活动取得的所得；

3. 个人对企业、事业单位承包经营、承租经营以及转包、转租取得的所得；

4. 个人从事其他生产、经营活动取得的所得。

（六）利息、股息、红利所得，是指个人拥有债权、股权等而取得的利息、股息、红利所得。

（七）财产租赁所得，是指个人出租不动产、机器设备、车船以及其他财产取得的所得。

（八）财产转让所得，是指个人转让有价证券、股权、合伙企业中的财产份额、不动产、机器设备、车船以及其他财产取得的所得。

（九）偶然所得，是指个人得奖、中奖、中彩以及其他偶然性质的所得。

个人取得的所得，难以界定应纳税所得项目的，由国务院税务主管部门确定。

第七条 对股票转让所得征收个人所得税的办法，由国务院另行规定，并报全国人民代表大会常务委员会备案。

第八条 个人所得的形式，包括现金、实物、有价证券和其他形式的经济利益；所得为实物的，应当按照取得的凭证上所注明的价格计算应纳税所得额,无凭证的实物或者凭证上所注明的价格明显偏低的,参照市场价格核定应纳税所得额;所得为有价证券的,根据票面价格和市场价格核定应纳税所得额;所得为其他形式的经济利益的,参照市场价格核定应纳税所得额。

第九条 个人所得税法第四条第一款第二项所称国债利息,是指个人持有中华人民共和国财政部发行的债券而取得的利息;所称国家发行的金融债券利息,是指个人持有经国务院批准发行的金融债券而取得的利息。

第十条 个人所得税法第四条第一款第三项所称按照国家统一规定发给的补贴、津贴,是指按照国务院规定发给的政府特殊津贴、院士津贴,以及国务院规定免予缴纳个人所得税的其他补贴、津贴。

第十一条 个人所得税法第四条第一款第四项所称福利费,是指根据国家有关规定,从企业、事业单位、国家机关、社会组织提留的福利费或者工会经费中支付给个人的生活补助费;所称救济金,是指各级人民政府民政部门支付给个人的生活困难补助费。

第十二条 个人所得税法第四条第一款第八项所称依照有关法律规定应予免税的各国驻华使馆、领事馆的外交代表、领事官员和其他人员的所得,是指依照《中华人民共和国外交特权与豁免条例》和《中华人民共和国领事特权与豁免条例》规定免税的所得。

第十三条 个人所得税法第六条第一款第一项所称依法确定的其他扣除,包括个人缴付符合国家规定的企业年金、职业年金,个人购买符合国家规定的商业健康保险、税收递延型商业养老保险的支出,以及国务院规定可以扣除的其他项目。

专项扣除、专项附加扣除和依法确定的其他扣除,以居民个人一个纳税年度的应纳税所得额为限额;一个纳税年度扣除不完的,不结转以后年度扣除。

第十四条 个人所得税法第六条第一款第二项、第四项、第六项所称每次,分别按照下列方法确定:

(一)劳务报酬所得、稿酬所得、特许权使用费所得,属于一次性收入的,以取得该项收入为一次;属于同一项目连续性收入的,以一个月内取得的收入为一次。

(二)财产租赁所得,以一个月内取得的收入为一次。

(三)利息、股息、红利所得,以支付利息、股息、红利时取得的收入为一次。

(四)偶然所得,以每次取得该项收入为一次。

第十五条 个人所得税法第六条第一款第三项所称成本、费用,是指生产、经营活动中发生的各项直接支出和分配计入成本的间接费用以及销售费用、管理费用、财务费用;所称损失,是指生产、经营活动中发生的固定资产和存货的盘亏、毁损、报废损失,转让财产损失,坏账损失,自然灾害等不可抗力因素造成的损失以及其他损失。

取得经营所得的个人,没有综合所得的,计算其每一纳税年度的应纳税所得额时,应当减除费用6万元、专项扣除、专项附加扣除以及依法确定的其他扣除。专项附加扣除在办理汇算清缴时减除。

从事生产、经营活动,未提供完整、准确的纳税资料,不能正确计算应纳税所得额的,由主管税务机关核定应纳税所得额或者应纳税额。

第十六条 个人所得税法第六条第一款第五项规定的财产原值,按照下列方法确定:

(一)有价证券,为买入价以及买入时按照规定交纳的有关费用;

(二)建筑物,为建造费或者购进价格以及其他有关费用;

(三)土地使用权,为取得土地使用权所支付的金额、开发土地的费用以及其他有关费用；

（四）机器设备、车船，为购进价格、运输费、安装费以及其他有关费用。

其他财产，参照前款规定的方法确定财产原值。

纳税人未提供完整、准确的财产原值凭证，不能按照本条第一款规定的方法确定财产原值的，由主管税务机关核定财产原值。

个人所得税法第六条第一款第五项所称合理费用，是指卖出财产时按照规定支付的有关税费。

第十七条 财产转让所得，按照一次转让财产的收入额减除财产原值和合理费用后的余额计算纳税。

第十八条 两个以上的个人共同取得同一项收入的，应当对每个人取得的收入分别按照个人所得税法的规定计算纳税。

第十九条 个人所得税法第六条第三款所称个人将其所得对教育、扶贫、济困等公益慈善事业进行捐赠，是指个人将其所得通过中国境内的公益性社会组织、国家机关向教育、扶贫、济困等公益慈善事业的捐赠；所称应纳税所得额，是指计算扣除捐赠额之前的应纳税所得额。

第二十条 居民个人从中国境内和境外取得的综合所得、经营所得，应当分别合并计算应纳税额；从中国境内和境外取得的其他所得，应当分别单独计算应纳税额。

第二十一条 个人所得税法第七条所称已在境外缴纳的个人所得税税额，是指居民个人来源于中国境外的所得，依照该所得来源国家（地区）的法律应当缴纳并且实际已经缴纳的所得税税额。

个人所得税法第七条所称纳税人境外所得依照本法规定计算的应纳税额，是居民个人抵免已在境外缴纳的综合所得、经营所得以及其他所得的所得税税额的限额（以下简称抵免限额）。除国务院财政、税务主管部门另有规定外，来源于中国境外一个国家

（地区）的综合所得抵免限额、经营所得抵免限额以及其他所得抵免限额之和，为来源于该国家（地区）所得的抵免限额。

居民个人在中国境外一个国家（地区）实际已经缴纳的个人所得税税额，低于依照前款规定计算出的来源于该国家（地区）所得的抵免限额的，应当在中国缴纳差额部分的税款；超过来源于该国家（地区）所得的抵免限额的，其超过部分不得在本纳税年度的应纳税额中抵免，但是可以在以后纳税年度来源于该国家（地区）所得的抵免限额的余额中补扣。补扣期限最长不得超过五年。

第二十二条　居民个人申请抵免已在境外缴纳的个人所得税税额，应当提供境外税务机关出具的税款所属年度的有关纳税凭证。

第二十三条　个人所得税法第八条第二款规定的利息，应当按照税款所属纳税申报期最后一日中国人民银行公布的与补税期间同期的人民币贷款基准利率计算，自税款纳税申报期满次日起至补缴税款期限届满之日止按日加收。纳税人在补缴税款期限届满前补缴税款的，利息加收至补缴税款之日。

第二十四条　扣缴义务人向个人支付应税款项时，应当依照个人所得税法规定预扣或者代扣税款，按时缴库，并专项记载备查。

前款所称支付，包括现金支付、汇拨支付、转账支付和以有价证券、实物以及其他形式的支付。

第二十五条　取得综合所得需要办理汇算清缴的情形包括：

（一）从两处以上取得综合所得，且综合所得年收入额减除专项扣除的余额超过6万元；

（二）取得劳务报酬所得、稿酬所得、特许权使用费所得中一项或者多项所得，且综合所得年收入额减除专项扣除的余额超过

6万元；

（三）纳税年度内预缴税额低于应纳税额；

（四）纳税人申请退税。

纳税人申请退税，应当提供其在中国境内开设的银行账户，并在汇算清缴地就地办理税款退库。

汇算清缴的具体办法由国务院税务主管部门制定。

第二十六条 个人所得税法第十条第二款所称全员全额扣缴申报，是指扣缴义务人在代扣税款的次月十五日内，向主管税务机关报送其支付所得的所有个人的有关信息、支付所得数额、扣除事项和数额、扣缴税款的具体数额和总额以及其他相关涉税信息资料。

第二十七条 纳税人办理纳税申报的地点以及其他有关事项的具体办法，由国务院税务主管部门制定。

第二十八条 居民个人取得工资、薪金所得时，可以向扣缴义务人提供专项附加扣除有关信息，由扣缴义务人扣缴税款时减除专项附加扣除。纳税人同时从两处以上取得工资、薪金所得，并由扣缴义务人减除专项附加扣除的，对同一专项附加扣除项目，在一个纳税年度内只能选择从一处取得的所得中减除。

居民个人取得劳务报酬所得、稿酬所得、特许权使用费所得，应当在汇算清缴时向税务机关提供有关信息，减除专项附加扣除。

第二十九条 纳税人可以委托扣缴义务人或者其他单位和个人办理汇算清缴。

第三十条 扣缴义务人应当按照纳税人提供的信息计算办理扣缴申报，不得擅自更改纳税人提供的信息。

纳税人发现扣缴义务人提供或者扣缴申报的个人信息、所得、扣缴税款等与实际情况不符的，有权要求扣缴义务人修改。扣缴义务人拒绝修改的，纳税人应当报告税务机关，税务机关应当及时处理。

纳税人、扣缴义务人应当按照规定保存与专项附加扣除相关的资料。税务机关可以对纳税人提供的专项附加扣除信息进行抽查,具体办法由国务院税务主管部门另行规定。税务机关发现纳税人提供虚假信息的,应当责令改正并通知扣缴义务人;情节严重的,有关部门应当依法予以处理,纳入信用信息系统并实施联合惩戒。

第三十一条 纳税人申请退税时提供的汇算清缴信息有错误的,税务机关应当告知其更正;纳税人更正的,税务机关应当及时办理退税。

扣缴义务人未将扣缴的税款解缴入库的,不影响纳税人按照规定申请退税,税务机关应当凭纳税人提供的有关资料办理退税。

第三十二条 所得为人民币以外货币的,按照办理纳税申报或者扣缴申报的上一月最后一日人民币汇率中间价,折合成人民币计算应纳税所得额。年度终了后办理汇算清缴的,对已经按月、按季或者按次预缴税款的人民币以外货币所得,不再重新折算;对应当补缴税款的所得部分,按照上一纳税年度最后一日人民币汇率中间价,折合成人民币计算应纳税所得额。

第三十三条 税务机关按照个人所得税法第十七条的规定付给扣缴义务人手续费,应当填开退还书;扣缴义务人凭退还书,按照国库管理有关规定办理退库手续。

第三十四条 个人所得税纳税申报表、扣缴个人所得税报告表和个人所得税完税凭证式样,由国务院税务主管部门统一制定。

第三十五条 军队人员个人所得税征收事宜,按照有关规定执行。

第三十六条 本条例自2019年1月1日起施行。

财政部、税务总局关于
非居民个人和无住所居民个人
有关个人所得税政策的公告

(2019年3月14日财政部、国家税务总局公告2019年第35号公布 自2019年1月1日起施行)

为贯彻落实修改后的《中华人民共和国个人所得税法》(以下称税法)和《中华人民共和国个人所得税法实施条例》(以下称实施条例),现将非居民个人和无住所居民个人(以下统称无住所个人)有关个人所得税政策公告如下:

一、关于所得来源地

(一)关于工资薪金所得来源地的规定。

个人取得归属于中国境内(以下称境内)工作期间的工资薪金所得为来源于境内的工资薪金所得。境内工作期间按照个人在境内工作天数计算,包括其在境内的实际工作日以及境内工作期间在境内、境外享受的公休假、个人休假、接受培训的天数。在境内、境外单位同时担任职务或者仅在境外单位任职的个人,在境内停留的当天不足24小时的,按照半天计算境内工作天数。

无住所个人在境内、境外单位同时担任职务或者仅在境外单位任职,且当期同时在境内、境外工作的,按照工资薪金所属境内、境外工作天数占当期公历天数的比例计算确定来源于境内、境外工资薪金所得的收入额。境外工作天数按照当期公历天数减去当期境内工作天数计算。

（二）关于数月奖金以及股权激励所得来源地的规定。

无住所个人取得的数月奖金或者股权激励所得按照本条第（一）项规定确定所得来源地的，无住所个人在境内履职或者执行职务时收到的数月奖金或者股权激励所得，归属于境外工作期间的部分，为来源于境外的工资薪金所得；无住所个人停止在境内履约或者执行职务离境后收到的数月奖金或者股权激励所得，对属于境内工作期间的部分，为来源于境内的工资薪金所得。具体计算方法为：数月奖金或者股权激励乘以数月奖金或者股权激励所属工作期间境内工作天数与所属工作期间公历天数之比。

无住所个人一个月内取得的境内外数月奖金或者股权激励包含归属于不同期间的多笔所得的，应当先分别按照本公告规定计算不同归属期间来源于境内的所得，然后再加总计算当月来源于境内的数月奖金或者股权激励收入额。

本公告所称数月奖金是指一次取得归属于数月的奖金、年终加薪、分红等工资薪金所得，不包括每月固定发放的奖金及一次性发放的数月工资。本公告所称股权激励包括股票期权、股权期权、限制性股票、股票增值权、股权奖励以及其他因认购股票等有价证券而从雇主取得的折扣或者补贴。

（三）关于董事、监事及高层管理人员取得报酬所得来源地的规定。

对于担任境内居民企业的董事、监事及高层管理职务的个人（以下统称高管人员），无论是否在境内履行职务，取得由境内居民企业支付或者负担的董事费、监事费、工资薪金或者其他类似报酬（以下统称高管人员报酬，包含数月奖金和股权激励），属于来源于境内的所得。

本公告所称高层管理职务包括企业正、副（总）经理、各职能总师、总监及其他类似公司管理层的职务。

(四)关于稿酬所得来源地的规定。

由境内企业、事业单位、其他组织支付或者负担的稿酬所得,为来源于境内的所得。

二、关于无住所个人工资薪金所得收入额计算

无住所个人取得工资薪金所得,按以下规定计算在境内应纳税的工资薪金所得的收入额(以下称工资薪金收入额):

(一)无住所个人为非居民个人的情形。

非居民个人取得工资薪金所得,除本条第(三)项规定以外,当月工资薪金收入额分别按照以下两种情形计算:

1.非居民个人境内居住时间累计不超过90天的情形。

在一个纳税年度内,在境内累计居住不超过90天的非居民个人,仅就归属于境内工作期间并由境内雇主支付或者负担的工资薪金所得计算缴纳个人所得税。当月工资薪金收入额的计算公式如下(公式一):

$$当月工资薪金收入额 = 当月境内外工资薪金总额 \times \frac{当月境内支付工资薪金数额}{当月境内外工资薪金总额} \times \frac{当月工资薪金所属工作期间境内工作天数}{当月工资薪金所属工作期间公历天数}$$

本公告所称境内雇主包括雇佣员工的境内单位和个人以及境外单位或者个人在境内的机构、场所。凡境内雇主采取核定征收所得税或者无营业收入未征收所得税的,无住所个人为其工作取得工资薪金所得,不论是否在该境内雇主会计账簿中记载,均视为由该境内雇主支付或者负担。本公告所称工资薪金所属工作期间的公历天数,是指无住所个人取得工资薪金所属工作期间按公历计算的天数。

本公告所列公式中当月境内外工资薪金包含归属于不同期间的多笔工资薪金的,应当先分别按照本公告规定计算不同归属期间工资薪金收入额,然后再加总计算当月工资薪金收入额。

2. 非居民个人境内居住时间累计超过 90 天不满 183 天的情形。

在一个纳税年度内,在境内累计居住超过 90 天但不满 183 天的非居民个人,取得归属于境内工作期间的工资薪金所得,均应当计算缴纳个人所得税;其取得归属于境外工作期间的工资薪金所得,不征收个人所得税。当月工资薪金收入额的计算公式如下(公式二):

$$当月工资薪金收入额 = 当月境内外工资薪金总额 \times \frac{当月工资薪金所属工作期间境内工作天数}{当月工资薪金所属工作期间公历天数}$$

(二)无住所个人为居民个人的情形。

在一个纳税年度内,在境内累计居住满 183 天的无住所居民个人取得工资薪金所得,当月工资薪金收入额按照以下规定计算:

1. 无住所居民个人在境内居住累计满 183 天的年度连续不满六年的情形。

在境内居住累计满 183 天的年度连续不满六年的无住所居民个人,符合实施条例第四条优惠条件的,其取得的全部工资薪金所得,除归属于境外工作期间且由境外单位或者个人支付的工资薪金所得部分外,均应计算缴纳个人所得税。工资薪金所得收入额的计算公式如下(公式三):

$$当月工资薪金收入额 = 当月境内外工资薪金总额 \times \left[1 - \frac{当月境外支付工资薪金数额}{当月境内外工资薪金总额} \times \frac{当月工资薪金所属工作期间境外工作天数}{当月工资薪金所属工作期间公历天数} \right]$$

2. 无住所居民个人在境内居住累计满 183 天的年度连续满六年的情形。

在境内居住累计满 183 天的年度连续满六年后,不符合实施条例第四条优惠条件的无住所居民个人,其从境内、境外取得的全部工资薪金所得均应计算缴纳个人所得税。

(三) 无住所个人为高管人员的情形。

无住所居民个人为高管人员的，工资薪金收入额按照本条第(二)项规定计算纳税。非居民个人为高管人员的，按照以下规定处理：

1. 高管人员在境内居住时间累计不超过90天的情形。

在一个纳税年度内，在境内累计居住不超过90天的高管人员，其取得由境内雇主支付或者负担的工资薪金所得应当计算缴纳个人所得税；不是由境内雇主支付或者负担的工资薪金所得，不缴纳个人所得税。当月工资薪金收入额为当月境内支付或者负担的工资薪金收入额。

2. 高管人员在境内居住时间累计超过90天不满183天的情形。

在一个纳税年度内，在境内居住累计超过90天但不满183天的高管人员，其取得的工资薪金所得，除归属于境外工作期间且不是由境内雇主支付或者负担的部分外，应当计算缴纳个人所得税。当月工资薪金收入额计算适用本公告公式三。

三、关于无住所个人税款计算

(一) 关于无住所居民个人税款计算的规定。

无住所居民个人取得综合所得，年度终了后，应按年计算个人所得税；有扣缴义务人的，由扣缴义务人按月或者按次预扣预缴税款；需要办理汇算清缴的，按照规定办理汇算清缴，年度综合所得应纳税额计算公式如下(公式四)：

年度综合所得应纳税额 =（年度工资薪金收入额 + 年度劳务报酬收入额 + 年度稿酬收入额 + 年度特许权使用费收入额 − 减除费用 − 专项扣除 − 专项附加扣除 − 依法确定的其他扣除）× 适用税率 − 速算扣除数

无住所居民个人为外籍个人的，2022年1月1日前计算工资薪金收入额时，已经按规定减除住房补贴、子女教育费、语言训练费等八项津补贴的,不能同时享受专项附加扣除。

年度工资薪金、劳务报酬、稿酬、特许权使用费收入额分别按年度内每月工资薪金以及每次劳务报酬、稿酬、特许权使用费收入额合计数额计算。

(二)关于非居民个人税款计算的规定。

1. 非居民个人当月取得工资薪金所得,以按照本公告第二条规定计算的当月收入额,减去税法规定的减除费用后的余额,为应纳税所得额,适用本公告所附按月换算后的综合所得税率表(以下称月度税率表)计算应纳税额。

2. 非居民个人一个月内取得数月奖金,单独按照本公告第二条规定计算当月收入额,不与当月其他工资薪金合并,按6个月分摊计税,不减除费用,适用月度税率表计算应纳税额,在一个公历年度内,对每一个非居民个人,该计税办法只允许适用一次。计算公式如下(公式五):

当月数月奖金应纳税额=[(数月奖金收入额÷6)×适用税率-速算扣除数]×6

3. 非居民个人一个月内取得股权激励所得,单独按照本公告第二条规定计算当月收入额,不与当月其他工资薪金合并,按6个月分摊计税(一个公历年度内的股权激励所得应合并计算),不减除费用,适用月度税率表计算应纳税额,计算公式如下(公式六):

当月股权激励所得应纳税额=[(本公历年度内股权激励所得合计额÷6)×适用税率-速算扣除数]×6-本公历年度内股权激励所得已纳税额

4. 非居民个人取得来源于境内的劳务报酬所得、稿酬所得、特许权使用费所得,以税法规定的每次收入额为应纳税所得额,适用月度税率表计算应纳税额。

四、关于无住所个人适用税收协定

按照我国政府签订的避免双重征税协定、内地与香港、澳门签订的避免双重征税安排(以下称税收协定)居民条款规定为缔约对方税收居民的个人(以下称对方税收居民个人),可以按照税收协定及财政部、税务总局有关规定享受税收协定待遇,也可以选择不享受税收协定待遇计算纳税。除税收协定及财政部、税务总局另有规定外,无住所个人适用税收协定的,按照以下规定执行:

(一)关于无住所个人适用受雇所得条款的规定。

1. 无住所个人享受境外受雇所得协定待遇。

本公告所称境外受雇所得协定待遇,是指按照税收协定受雇所得条款规定,对方税收居民个人在境外从事受雇活动取得的受雇所得,可不缴纳个人所得税。

无住所个人为对方税收居民个人,其取得的工资薪金所得可享受境外受雇所得协定待遇的,可不缴纳个人所得税。工资薪金收入额计算适用本公告公式二。

无住所居民个人为对方税收居民个人的,可在预扣预缴和汇算清缴时按前款规定享受协定待遇;非居民个人为对方税收居民个人的,可在取得所得时按前款规定享受协定待遇。

2. 无住所个人享受境内受雇所得协定待遇。

本公告所称境内受雇所得协定待遇,是指按照税收协定受雇所得条款规定,在税收协定规定的期间内境内停留天数不超过183天的对方税收居民个人,在境内从事受雇活动取得受雇所得,不是由境内居民雇主支付或者代其支付的,也不是由雇主在境内常设机构负担的,可不缴纳个人所得税。

无住所个人为对方税收居民个人,其取得的工资薪金所得可享受境内受雇所得协定待遇的,可不缴纳个人所得税。工资薪金收入额计算适用本公告公式一。

无住所居民个人为对方税收居民个人的,可在预扣预缴和汇算清缴时按前款规定享受协定待遇;非居民个人为对方税收居民个人的,可在取得所得时按前款规定享受协定待遇。

(二)关于无住所个人适用独立个人劳务或者营业利润条款的规定。

本公告所称独立个人劳务或者营业利润协定待遇，是指按照税收协定独立个人劳务或者营业利润条款规定，对方税收居民个人取得的独立个人劳务所得或者营业利润符合税收协定规定条件的，可不缴纳个人所得税。

无住所居民个人为对方税收居民个人，其取得的劳务报酬所得、稿酬所得可享受独立个人劳务或者营业利润协定待遇的，在预扣预缴和汇算清缴时，可不缴纳个人所得税。

非居民个人为对方税收居民个人，其取得的劳务报酬所得、稿酬所得可享受独立个人劳务或者营业利润协定待遇的，在取得所得时可不缴纳个人所得税。

(三)关于无住所个人适用董事费条款的规定。

对方税收居民个人为高管人员，该个人适用的税收协定未纳入董事费条款，或者虽然纳入董事费条款但该个人不适用董事费条款，且该个人取得的高管人员报酬可享受税收协定受雇所得、独立个人劳务或者营业利润条款规定待遇的，该个人取得的高管人员报酬可不适用本公告第二条第(三)项规定，分别按照本条第(一)项、第(二)项规定执行。

对方税收居民个人为高管人员，该个人取得的高管人员报酬按照税收协定董事费条款规定可以在境内征收个人所得税的，应按照有关工资薪金所得或者劳务报酬所得规定缴纳个人所得税。

(四)关于无住所个人适用特许权使用费或者技术服务费条款的规定。

本公告所称特许权使用费或者技术服务费协定待遇，是指按照税收协定特许权使用费或者技术服务费条款规定，对方税收居民个人取得符合规定的特许权使用费或者技术服务费，可按照税收协定规定的计税所得额和征税比例计算纳税。

无住所居民个人为对方税收居民个人，其取得的特许权使用费所得、稿酬所得或者劳务报酬所得可享受特许权使用费或者技术服务费协定待遇的，可不纳入综合所得，在取得当月按照税收协定规定的计税所得额和征税比例计算应纳税额，并预扣预缴税款。年度汇算清缴时，该个人取得的已享受特许权使用费或者技术服务费协定待遇的所得不纳入年度综合所得，单独按照税收协定规定的计税所得额和征税比例计算年度应纳税额及补退税额。

非居民个人为对方税收居民个人，其取得的特许权使用费所得、稿酬所得或者劳务报酬所得可享受特许权使用费或者技术服务费协定待遇的，可按照税收协定规定的计税所得额和征税比例计算应纳税额。

五、关于无住所个人相关征管规定

(一)关于无住所个人预计境内居住时间的规定。

无住所个人在一个纳税年度内首次申报时，应当根据合同约定等情况预计一个纳税年度内境内居住天数以及在税收协定规定的期间内境内停留天数，按照预计情况计算缴纳税款。实际情况与预计情况不符的，分别按照以下规定处理：

1. 无住所个人预先判定为非居民个人，因延长居住天数达到居民个人条件的，一个纳税年度内税款扣缴方法保持不变，年度终了后按照居民个人有关规定办理汇算清缴，但该个人在当年离境且预计年度内不再入境的，可以选择在离境之前办理汇算清缴。

2. 无住所个人预先判定为居民个人，因缩短居住天数不能达到居民个人条件的，在不能达到居民个人条件之日起至年度终了15天内，应当向主管税务机关报告，按照非居民个人重新计算应纳税额，申报补缴税款，不加收税收滞纳金。需要退税的，按照规定办理。

3. 无住所个人预计一个纳税年度境内居住天数累计不超过90天，但实际累计居住天数超过90天的，或者对方税收居民个人预计在税收协定规定的期间内境内停留天数不超过183天,但实际停留天数超过183天的,待达到90天或者183天的月度终了后15天内,应当向主管税务机关报告,就以前月份工资薪金所得重新计算应纳税款,并补缴税款,不加收税收滞纳金。

(二)关于无住所个人境内雇主报告境外关联方支付工资薪金所得的规定。

无住所个人在境内任职、受雇取得来源于境内的工资薪金所得,凡境内雇主与境外单位或者个人存在关联关系,将本应由境内雇主支付的工资薪金所得,部分或者全部由境外关联方支付的,无住所个人可以自行申报缴纳税款,也可以委托境内雇主代为缴纳税款。无住所个人未委托境内雇主代为缴纳税款的,境内雇主应当在相关所得支付当月终了后15天内向主管税务机关报告相关信息,包括境内雇主与境外关联方对无住所个人的工作安排、境外支付情况以及无住所个人的联系方式等信息。

六、本公告自2019年1月1日起施行,非居民个人2019年1月1日后取得所得,按原有规定多缴纳税款的,可以依法申请办理退税。下列文件或者文件条款于2019年1月1日废止:

(一)《财政部 税务总局关于对临时来华人员按实际居住日期计算征免个人所得税若干问题的通知》((88)财税外字第059号);

(二)《国家税务总局关于在境内无住所的个人取得工资薪金所得纳税义务问题的通知》(国税发〔1994〕148号);

(三)《财政部 国家税务总局关于在华无住所的个人如何计算在华居住满五年问题的通知》(财税字〔1995〕98号);

(四)《国家税务总局关于在中国境内无住所的个人计算缴纳个人所得税若干具体问题的通知》(国税函发〔1995〕125号)第一条、第二条、第三条、第四条;

(五)《国家税务总局关于在中国境内无住所的个人缴纳所得

税涉及税收协定若干问题的通知》（国税发〔1995〕155号）；

（六）《国家税务总局关于在中国境内无住所的个人取得奖金征税问题的通知》（国税发〔1996〕183号）；

（七）《国家税务总局关于三井物产（株）大连事务所外籍雇员取得数月奖金确定纳税义务问题的批复》（国税函〔1997〕546号）；

（八）《国家税务总局关于外商投资企业和外国企业对境外企业支付其雇员的工资薪金代扣代缴个人所得税问题的通知》（国税发〔1999〕241号）；

（九）《国家税务总局关于在中国境内无住所个人取得不在华履行职务的月份奖金确定纳税义务问题的通知》（国税函〔1999〕245号）；

（十）《国家税务总局关于在中国境内无住所个人以有价证券形式取得工资薪金所得确定纳税义务有关问题的通知》（国税函〔2000〕190号）；

（十一）《国家税务总局关于在境内无住所的个人执行税收协定和个人所得税法若干问题的通知》（国税发〔2004〕97号）；

（十二）《国家税务总局关于调整个人取得全年一次性奖金等计算征收个人所得税方法问题的通知》（国税发〔2005〕9号）第六条；

（十三）《国家税务总局关于在境内无住所个人计算工资薪金所得缴纳个人所得税有关问题的批复》（国税函〔2005〕1041号）；

（十四）《国家税务总局关于在中国境内担任董事或高层管理职务无住所个人计算个人所得税适用公式的批复》（国税函〔2007〕946号）。

特此公告。

附件：按月换算后的综合所得税率表

附件：

按月换算后的综合所得税率表

级数	全月应纳税所得额	税率	速算扣除数
1	不超过3000元的	3%	0
2	超过3000元至12000元的部分	10%	210
3	超过12000元至25000元的部分	20%	1410
4	超过25000元至35000元的部分	25%	2660
5	超过35000元至55000元的部分	30%	4410
6	超过55000元至80000元的部分	35%	7160
7	超过80000元的部分	45%	15160

二、税收征收管理

中华人民共和国
税收征收管理法

（1992年9月4日第七届全国人民代表大会常务委员会第二十七次会议通过　根据1995年2月28日第八届全国人民代表大会常务委员会第十二次会议《关于修改〈中华人民共和国税收征收管理法〉的决定》第一次修正　2001年4月28日第九届全国人民代表大会常务委员会第二十一次会议修订　根据2013年6月29日第十二届全国人民代表大会常务委员会第三次会议《关于修改〈中华人民共和国文物保护法〉等十二部法律的决定》第二次修正　根据2015年4月24日第十二届全国人民代表大会常务委员会第十四次会议《关于修改〈中华人民共和国港口法〉等七部法律的决定》第三次修正）

目　录

第一章　总　则
第二章　税务管理
　第一节　税务登记

第二节　帐簿、凭证管理
第三节　纳税申报
第三章　税款征收
第四章　税务检查
第五章　法律责任
第六章　附　则

第一章　总　则

第一条　【立法目的】为了加强税收征收管理，规范税收征收和缴纳行为，保障国家税收收入，保护纳税人的合法权益，促进经济和社会发展，制定本法。

第二条　【适用范围】凡依法由税务机关征收的各种税收的征收管理，均适用本法。

第三条　【法律适用】税收的开征、停征以及减税、免税、退税、补税，依照法律的规定执行；法律授权国务院规定的，依照国务院制定的行政法规的规定执行。

任何机关、单位和个人不得违反法律、行政法规的规定，擅自作出税收开征、停征以及减税、免税、退税、补税和其他同税收法律、行政法规相抵触的决定。

第四条　【纳税人】法律、行政法规规定负有纳税义务的单位和个人为纳税人。

法律、行政法规规定负有代扣代缴、代收代缴税款义务的单位和个人为扣缴义务人。

纳税人、扣缴义务人必须依照法律、行政法规的规定缴纳税款、代扣代缴、代收代缴税款。

第五条　【税务主管】国务院税务主管部门主管全国税收征收管理工作。各地国家税务局和地方税务局应当按照国务院规定的税收征收管理范围分别进行征收管理。

地方各级人民政府应当依法加强对本行政区域内税收征收管理工作的领导或者协调,支持税务机关依法执行职务,依照法定税率计算税额,依法征收税款。

各有关部门和单位应当支持、协助税务机关依法执行职务。

税务机关依法执行职务,任何单位和个人不得阻挠。

第六条 【信息】国家有计划地用现代信息技术装备各级税务机关,加强税收征收管理信息系统的现代化建设,建立、健全税务机关与政府其他管理机关的信息共享制度。

纳税人、扣缴义务人和其他有关单位应当按照国家有关规定如实向税务机关提供与纳税和代扣代缴、代收代缴税款有关的信息。

第七条 【税务宣传与咨询】税务机关应当广泛宣传税收法律、行政法规,普及纳税知识,无偿地为纳税人提供纳税咨询服务。

第八条 【纳税人和扣缴义务人的权利】纳税人、扣缴义务人有权向税务机关了解国家税收法律、行政法规的规定以及与纳税程序有关的情况。

纳税人、扣缴义务人有权要求税务机关为纳税人、扣缴义务人的情况保密。税务机关应当依法为纳税人、扣缴义务人的情况保密。

纳税人依法享有申请减税、免税、退税的权利。

纳税人、扣缴义务人对税务机关所作出的决定,享有陈述权、申辩权;依法享有申请行政复议、提起行政诉讼、请求国家赔偿等权利。

纳税人、扣缴义务人有权控告和检举税务机关、税务人员的违法违纪行为。

第九条 【税务机关与人员的职责】税务机关应当加强队伍建设,提高税务人员的政治业务素质。

税务机关、税务人员必须秉公执法,忠于职守,清正廉洁,礼貌待人,文明服务,尊重和保护纳税人、扣缴义务人的权利,依法接受监督。

税务人员不得索贿受贿、徇私舞弊、玩忽职守、不征或者少征应征税款；不得滥用职权多征税款或者故意刁难纳税人和扣缴义务人。

第十条 【税务机关的管理制度】各级税务机关应当建立、健全内部制约和监督管理制度。

上级税务机关应当对下级税务机关的执法活动依法进行监督。

各级税务机关应当对其工作人员执行法律、行政法规和廉洁自律准则的情况进行监督检查。

第十一条 【职责及相互关系】税务机关负责征收、管理、稽查、行政复议的人员的职责应当明确，并相互分离、相互制约。

第十二条 【回避】税务人员征收税款和查处税收违法案件，与纳税人、扣缴义务人或者税收违法案件有利害关系的，应当回避。

第十三条 【检举】任何单位和个人都有权检举违反税收法律、行政法规的行为。收到检举的机关和负责查处的机关应当为检举人保密。税务机关应当按照规定对检举人给予奖励。

第十四条 【税务机关】本法所称税务机关是指各级税务局、税务分局、税务所和按照国务院规定设立的并向社会公告的税务机构。

第二章 税务管理

第一节 税务登记

第十五条 【税务登记】企业，企业在外地设立的分支机构和从事生产、经营的场所，个体工商户和从事生产、经营的事业单位（以下统称从事生产、经营的纳税人）自领取营业执照之日起三十日内,持有关证件,向税务机关申报办理税务登记。税务机关应当于收到申报的当日办理登记并发给税务登记证件。

工商行政管理机关应当将办理登记注册、核发营业执照的情况,定期向税务机关通报。

本条第一款规定以外的纳税人办理税务登记和扣缴义务人办理扣缴税款登记的范围和办法,由国务院规定。

第十六条 【变更登记与注销登记】从事生产、经营的纳税人,税务登记内容发生变化的,自工商行政管理机关办理变更登记之日起三十日内或者在向工商行政管理机关申请办理注销登记之前,持有关证件向税务机关申报办理变更或者注销税务登记。

第十七条 【帐户帐号】从事生产、经营的纳税人应当按照国家有关规定,持税务登记证件,在银行或者其他金融机构开立基本存款帐户和其他存款帐户,并将其全部帐号向税务机关报告。

银行和其他金融机构应当在从事生产、经营的纳税人的帐户中登录税务登记证件号码,并在税务登记证件中登录从事生产、经营的纳税人的帐户帐号。

税务机关依法查询从事生产、经营的纳税人开立帐户的情况时,有关银行和其他金融机构应当予以协助。

第十八条 【税务登记证件】纳税人按照国务院税务主管部门的规定使用税务登记证件。税务登记证件不得转借、涂改、损毁、买卖或者伪造。

第二节 帐簿、凭证管理

第十九条 【帐簿】纳税人、扣缴义务人按照有关法律、行政法规和国务院财政、税务主管部门的规定设置帐簿,根据合法、有效凭证记帐,进行核算。

第二十条 【财务、会计制度或者财务、会计处理办法】从事生产、经营的纳税人的财务、会计制度或者财务、会计处理办法和会计核算软件,应当报送税务机关备案。

纳税人、扣缴义务人的财务、会计制度或者财务、会计处理办法与国务院或者国务院财政、税务主管部门有关税收的规定抵触的,依照国务院或者国务院财政、税务主管部门有关税收的规定计算应纳税款、代扣代缴和代收代缴税款。

第二十一条 【发票】税务机关是发票的主管机关,负责发票印制、领购、开具、取得、保管、缴销的管理和监督。

单位、个人在购销商品、提供或者接受经营服务以及从事其他经营活动中,应当按照规定开具、使用、取得发票。

发票的管理办法由国务院规定。

第二十二条 【发票的印制】增值税专用发票由国务院税务主管部门指定的企业印制;其他发票,按照国务院税务主管部门的规定,分别由省、自治区、直辖市国家税务局、地方税务局指定企业印制。

未经前款规定的税务机关指定,不得印制发票。

第二十三条 【税控装置】国家根据税收征收管理的需要,积极推广使用税控装置。纳税人应当按照规定安装、使用税控装置,不得损毁或者擅自改动税控装置。

第二十四条 【资料保管】从事生产、经营的纳税人、扣缴义务人必须按照国务院财政、税务主管部门规定的保管期限保管帐簿、记帐凭证、完税凭证及其他有关资料。

帐簿、记帐凭证、完税凭证及其他有关资料不得伪造、变造或者擅自损毁。

第三节 纳税申报

第二十五条 【申报】纳税人必须依照法律、行政法规规定或者税务机关依照法律、行政法规的规定确定的申报期限、申报内容如实办理纳税申报,报送纳税申报表、财务会计报表以及税务机关根据实际需要要求纳税人报送的其他纳税资料。

扣缴义务人必须依照法律、行政法规规定或者税务机关依照法律、行政法规的规定确定的申报期限、申报内容如实报送代扣代缴、代收代缴税款报告表以及税务机关根据实际需要要求扣缴义务人报送的其他有关资料。

第二十六条　【申报方式】纳税人、扣缴义务人可以直接到税务机关办理纳税申报或者报送代扣代缴、代收代缴税款报告表,也可以按照规定采取邮寄、数据电文或者其他方式办理上述申报、报送事项。

第二十七条　【延期申报】纳税人、扣缴义务人不能按期办理纳税申报或者报送代扣代缴、代收代缴税款报告表的,经税务机关核准,可以延期申报。

经核准延期办理前款规定的申报、报送事项的,应当在纳税期内按照上期实际缴纳的税额或者税务机关核定的税额预缴税款,并在核准的延期内办理税款结算。

第三章　税　款　征　收

第二十八条　【依法征税】税务机关依照法律、行政法规的规定征收税款,不得违反法律、行政法规的规定开征、停征、多征、少征、提前征收、延缓征收或者摊派税款。

农业税应纳税额按照法律、行政法规的规定核定。

第二十九条　【税款征收权】除税务机关、税务人员以及经税务机关依照法律、行政法规委托的单位和人员外,任何单位和个人不得进行税款征收活动。

第三十条　【扣缴义务人】扣缴义务人依照法律、行政法规的规定履行代扣、代收税款的义务。对法律、行政法规没有规定负有代扣、代收税款义务的单位和个人,税务机关不得要求其履行代扣、代收税款义务。

扣缴义务人依法履行代扣、代收税款义务时,纳税人不得拒绝。纳税人拒绝的,扣缴义务人应当及时报告税务机关处理。

税务机关按照规定付给扣缴义务人代扣、代收手续费。

第三十一条 【缴纳与解缴期限】纳税人、扣缴义务人按照法律、行政法规规定或者税务机关依照法律、行政法规的规定确定的期限,缴纳或者解缴税款。

纳税人因有特殊困难,不能按期缴纳税款的,经省、自治区、直辖市国家税务局、地方税务局批准,可以延期缴纳税款,但是最长不得超过三个月。

第三十二条 【滞纳税款】纳税人未按照规定期限缴纳税款的,扣缴义务人未按照规定期限解缴税款的,税务机关除责令限期缴纳外,从滞纳税款之日起,按日加收滞纳税款万分之五的滞纳金。

第三十三条 【减免税】纳税人依照法律、行政法规的规定办理减税、免税。

地方各级人民政府、各级人民政府主管部门、单位和个人违反法律、行政法规规定,擅自作出的减税、免税决定无效,税务机关不得执行,并向上级税务机关报告。

第三十四条 【完税凭证】税务机关征收税款时,必须给纳税人开具完税凭证。扣缴义务人代扣、代收税款时,纳税人要求扣缴义务人开具代扣、代收税款凭证的,扣缴义务人应当开具。

第三十五条 【核定税额】纳税人有下列情形之一的,税务机关有权核定其应纳税额:

(一)依照法律、行政法规的规定可以不设置帐簿的;

(二)依照法律、行政法规的规定应当设置帐簿但未设置的;

(三)擅自销毁帐簿或者拒不提供纳税资料的;

(四)虽设置帐簿,但帐目混乱或者成本资料、收入凭证、费用凭证残缺不全,难以查帐的;

(五)发生纳税义务,未按照规定的期限办理纳税申报,经税务机关责令限期申报,逾期仍不申报的;

(六)纳税人申报的计税依据明显偏低,又无正当理由的。

税务机关核定应纳税额的具体程序和方法由国务院税务主管部门规定。

第三十六条 【合理调整】企业或者外国企业在中国境内设立的从事生产、经营的机构、场所与其关联企业之间的业务往来,应当按照独立企业之间的业务往来收取或者支付价款、费用;不按照独立企业之间的业务往来收取或者支付价款、费用,而减少其应纳税的收入或者所得额的,税务机关有权进行合理调整。

第三十七条 【税务扣押】对未按照规定办理税务登记的从事生产、经营的纳税人以及临时从事经营的纳税人,由税务机关核定其应纳税额,责令缴纳;不缴纳的,税务机关可以扣押其价值相当于应纳税款的商品、货物。扣押后缴纳应纳税款的,税务机关必须立即解除扣押,并归还所扣押的商品、货物;扣押后仍不缴纳应纳税款的,经县以上税务局(分局)局长批准,依法拍卖或者变卖所扣押的商品、货物,以拍卖或者变卖所得抵缴税款。

第三十八条 【限期缴纳、纳税担保与税收保全】税务机关有根据认为从事生产、经营的纳税人有逃避纳税义务行为的,可以在规定的纳税期之前,责令限期缴纳应纳税款;在限期内发现纳税人有明显的转移、隐匿其应纳税的商品、货物以及其他财产或者应纳税的收入的迹象的,税务机关可以责成纳税人提供纳税担保。如果纳税人不能提供纳税担保,经县以上税务局(分局)局长批准,税务机关可以采取下列税收保全措施:

(一)书面通知纳税人开户银行或者其他金融机构冻结纳税

人的金额相当于应纳税款的存款；

（二）扣押、查封纳税人的价值相当于应纳税款的商品、货物或者其他财产。

纳税人在前款规定的限期内缴纳税款的，税务机关必须立即解除税收保全措施；限期期满仍未缴纳税款的，经县以上税务局（分局）局长批准，税务机关可以书面通知纳税人开户银行或者其他金融机构从其冻结的存款中扣缴税款，或者依法拍卖或者变卖所扣押、查封的商品、货物或者其他财产，以拍卖或者变卖所得抵缴税款。

个人及其所扶养家属维持生活必需的住房和用品，不在税收保全措施的范围之内。

第三十九条 【税务赔偿】纳税人在限期内已缴纳税款，税务机关未立即解除税收保全措施，使纳税人的合法利益遭受损失的，税务机关应当承担赔偿责任。

第四十条 【强制执行措施】从事生产、经营的纳税人、扣缴义务人未按照规定的期限缴纳或者解缴税款，纳税担保人未按照规定的期限缴纳所担保的税款，由税务机关责令限期缴纳，逾期仍未缴纳的，经县以上税务局（分局）局长批准，税务机关可以采取下列强制执行措施：

（一）书面通知其开户银行或者其他金融机构从其存款中扣缴税款；

（二）扣押、查封、依法拍卖或者变卖其价值相当于应纳税款的商品、货物或者其他财产，以拍卖或者变卖所得抵缴税款。

税务机关采取强制执行措施时，对前款所列纳税人、扣缴义务人、纳税担保人未缴纳的滞纳金同时强制执行。

个人及其所扶养家属维持生活必需的住房和用品，不在强制执行措施的范围之内。

第四十一条 【保全措施与强制执行措施权力的行使】本法

第三十七条、第三十八条、第四十条规定的采取税收保全措施、强制执行措施的权力,不得由法定的税务机关以外的单位和个人行使。

第四十二条 【措施的依法采取】税务机关采取税收保全措施和强制执行措施必须依照法定权限和法定程序,不得查封、扣押纳税人个人及其所扶养家属维持生活必需的住房和用品。

第四十三条 【赔偿责任】税务机关滥用职权违法采取税收保全措施、强制执行措施,或者采取税收保全措施、强制执行措施不当,使纳税人、扣缴义务人或者纳税担保人的合法权益遭受损失的,应当依法承担赔偿责任。

第四十四条 【阻止出境】欠缴税款的纳税人或者他的法定代表人需要出境的,应当在出境前向税务机关结清应纳税款、滞纳金或者提供担保。未结清税款、滞纳金,又不提供担保的,税务机关可以通知出境管理机关阻止其出境。

第四十五条 【税收优先】税务机关征收税款,税收优先于无担保债权,法律另有规定的除外;纳税人欠缴的税款发生在纳税人以其财产设定抵押、质押或者纳税人的财产被留置之前的,税收应当先于抵押权、质权、留置权执行。

纳税人欠缴税款,同时又被行政机关决定处以罚款、没收违法所得的,税收优先于罚款、没收违法所得。

税务机关应当对纳税人欠缴税款的情况定期予以公告。

第四十六条 【欠税情况】纳税人有欠税情形而以其财产设定抵押、质押的,应当向抵押权人、质权人说明其欠税情况。抵押权人、质权人可以请求税务机关提供有关的欠税情况。

第四十七条 【扣押收据与查封清单】税务机关扣押商品、货物或者其他财产时,必须开付收据;查封商品、货物或者其他财产时,必须开付清单。

第四十八条 【纳税人的合并与分立】纳税人有合并、分立情形的,应当向税务机关报告,并依法缴清税款。纳税人合并时未缴清税款的,应当由合并后的纳税人继续履行未履行的纳税义务;纳税人分立时未缴清税款的,分立后的纳税人对未履行的纳税义务应当承担连带责任。

第四十九条　【财产处分报告】欠缴税款数额较大的纳税人在处分其不动产或者大额资产之前,应当向税务机关报告。

第五十条　【代位权与撤销权】欠缴税款的纳税人因怠于行使到期债权,或者放弃到期债权,或者无偿转让财产,或者以明显不合理的低价转让财产而受让人知道该情形,对国家税收造成损害的,税务机关可以依照合同法第七十三条、第七十四条的规定行使代位权、撤销权。

税务机关依照前款规定行使代位权、撤销权的,不免除欠缴税款的纳税人尚未履行的纳税义务和应承担的法律责任。

第五十一条　【税款退还】纳税人超过应纳税额缴纳的税款,税务机关发现后应当立即退还;纳税人自结算缴纳税款之日起三年内发现的,可以向税务机关要求退还多缴的税款并加算银行同期存款利息,税务机关及时查实后应当立即退还;涉及从国库中退库的,依照法律、行政法规有关国库管理的规定退还。

第五十二条　【税款的未缴或者少缴】因税务机关的责任,致使纳税人、扣缴义务人未缴或者少缴税款的,税务机关在三年内可以要求纳税人、扣缴义务人补缴税款,但是不得加收滞纳金。

因纳税人、扣缴义务人计算错误等失误,未缴或者少缴税款的,税务机关在三年内可以追征税款、滞纳金;有特殊情况的,追征期可以延长到五年。

对偷税、抗税、骗税的,税务机关追征其未缴或者少缴的税款、滞纳金或者所骗取的税款,不受前款规定期限的限制。

第五十三条　【税款的入库】国家税务局和地方税务局应当按照国家规定的税收征收管理范围和税款入库预算级次,将征收的税款缴入国库。

对审计机关、财政机关依法查出的税收违法行为,税务机关应当根据有关机关的决定、意见书,依法将应收的税款、滞纳金按照税款入库预算级次缴入国库,并将结果及时回复有关机关。

第四章　税　务　检　查

第五十四条　【税务检查的范围】税务机关有权进行下列税务检查:

(一)检查纳税人的帐簿、记帐凭证、报表和有关资料,检查扣缴义务人代扣代缴、代收代缴税款帐簿、记帐凭证和有关资料;

(二)到纳税人的生产、经营场所和货物存放地检查纳税人应纳税的商品、货物或者其他财产,检查扣缴义务人与代扣代缴、代收代缴税款有关的经营情况;

(三)责成纳税人、扣缴义务人提供与纳税或者代扣代缴、代收代缴税款有关的文件、证明材料和有关资料;

(四)询问纳税人、扣缴义务人与纳税或者代扣代缴、代收代缴税款有关的问题和情况;

(五)到车站、码头、机场、邮政企业及其分支机构检查纳税人托运、邮寄应纳税商品、货物或者其他财产的有关单据、凭证和有关资料;

(六)经县以上税务局(分局)局长批准,凭全国统一格式的检查存款帐户许可证明,查询从事生产、经营的纳税人、扣缴义务人在银行或者其他金融机构的存款帐户。税务机关在调查税收违法案件时,经设区的市、自治州以上税务局(分局)局长批准,可以查询案件涉嫌人员的储蓄存款。税务机关查询所获得的资料,不得用于税收以外的用途。

第五十五条　【税务检查中的税收保全措施和强制执行措

施】税务机关对从事生产、经营的纳税人以前纳税期的纳税情况依法进行税务检查时，发现纳税人有逃避纳税义务行为，并有明显的转移、隐匿其应纳税的商品、货物以及其他财产或者应纳税的收入的迹象的，可以按照本法规定的批准权限采取税收保全措施或者强制执行措施。

第五十六条 【接受税务检查】纳税人、扣缴义务人必须接受税务机关依法进行的税务检查，如实反映情况，提供有关资料，不得拒绝、隐瞒。

第五十七条 【税务调查】税务机关依法进行税务检查时，有权向有关单位和个人调查纳税人、扣缴义务人和其他当事人与纳税或者代扣代缴、代收代缴税款有关的情况，有关单位和个人有义务向税务机关如实提供有关资料及证明材料。

第五十八条 【情况和资料处置】税务机关调查税务违法案件时，对与案件有关的情况和资料，可以记录、录音、录像、照相和复制。

第五十九条 【出示证件与通知书】税务机关派出的人员进行税务检查时，应当出示税务检查证和税务检查通知书，并有责任为被检查人保守秘密；未出示税务检查证和税务检查通知书的，被检查人有权拒绝检查。

第五章 法律责任

第六十条 【纳税人的一般法律责任】纳税人有下列行为之一的，由税务机关责令限期改正，可以处二千元以下的罚款；情节严重的，处二千元以上一万元以下的罚款：

（一）未按照规定的期限申报办理税务登记、变更或者注销登记的；

（二）未按照规定设置、保管帐簿或者保管记帐凭证和有关资料的；

（三）未按照规定将财务、会计制度或者财务、会计处理办法和会计核算软件报送税务机关备查的；

（四）未按照规定将其全部银行帐号向税务机关报告的；

（五）未按照规定安装、使用税控装置，或者损毁或者擅自改动税控装置的。

纳税人不办理税务登记的，由税务机关责令限期改正；逾期不改正的，经税务机关提请，由工商行政管理机关吊销其营业执照。

纳税人未按照规定使用税务登记证件，或者转借、涂改、损毁、买卖、伪造税务登记证件的，处二千元以上一万元以下的罚款；情节严重的，处一万元以上五万元以下的罚款。

第六十一条 【扣缴义务人的法律责任】扣缴义务人未按照规定设置、保管代扣代缴、代收代缴税款帐簿或者保管代扣代缴、代收代缴税款记帐凭证及有关资料的，由税务机关责令限期改正，可以处二千元以下的罚款；情节严重的，处二千元以上五千元以下的罚款。

第六十二条 【迟延办理纳税申报和迟延报送纳税资料】纳税人未按照规定的期限办理纳税申报和报送纳税资料的，或者扣缴义务人未按照规定的期限向税务机关报送代扣代缴、代收代缴税款报告表和有关资料的，由税务机关责令限期改正，可以处二千元以下的罚款；情节严重的，可以处二千元以上一万元以下的罚款。

第六十三条 【偷税】纳税人伪造、变造、隐匿、擅自销毁帐簿、记帐凭证，或者在帐簿上多列支出或者不列、少列收入，或者经税务机关通知申报而拒不申报或者进行虚假的纳税申报，不缴或者少缴应纳税款的，是偷税。对纳税人偷税的，由税务机关追缴其不缴或者少缴的税款、滞纳金，并处不缴或者少缴的税款百分之五十以上五倍以下的罚款；构成犯罪的，依法追究刑事责任。

扣缴义务人采取前款所列手段,不缴或者少缴已扣、已收税款,由税务机关追缴其不缴或者少缴的税款、滞纳金,并处不缴或者少缴的税款百分之五十以上五倍以下的罚款;构成犯罪的,依法追究刑事责任。

第六十四条 【编制虚假计税依据与不进行纳税申报等】纳税人、扣缴义务人编造虚假计税依据的,由税务机关责令限期改正,并处五万元以下的罚款。

纳税人不进行纳税申报,不缴或者少缴应纳税款的,由税务机关追缴其不缴或者少缴的税款、滞纳金,并处不缴或者少缴的税款百分之五十以上五倍以下的罚款。

第六十五条 【欠税且转移或隐匿财产的责任】纳税人欠缴应纳税款,采取转移或者隐匿财产的手段,妨碍税务机关追缴欠缴的税款的,由税务机关追缴欠缴的税款、滞纳金,并处欠缴税款百分之五十以上五倍以下的罚款;构成犯罪的,依法追究刑事责任。

第六十六条 【骗取出口退税款】以假报出口或者其他欺骗手段,骗取国家出口退税款的,由税务机关追缴其骗取的退税款,并处骗取税款一倍以上五倍以下的罚款;构成犯罪的,依法追究刑事责任。

对骗取国家出口退税款的,税务机关可以在规定期间内停止为其办理出口退税。

第六十七条 【抗税】以暴力、威胁方法拒不缴纳税款的,是抗税,除由税务机关追缴其拒缴的税款、滞纳金外,依法追究刑事责任。情节轻微,未构成犯罪的,由税务机关追缴其拒缴的税款、滞纳金,并处拒缴税款一倍以上五倍以下的罚款。

第六十八条 【逾期缴纳者的责任】纳税人、扣缴义务人在规定期限内不缴或者少缴应纳或者应解缴的税款,经税务机关责令限期缴纳,逾期仍未缴纳的,税务机关除依照本法第四十条的规定采取强制执行措施追缴其不缴或者少缴的税款外,可以处不缴或者少缴的税款百分之五十以上五倍以下的罚款。

第六十九条　【扣缴义务人违反义务的责任】扣缴义务人应扣未扣、应收而不收税款的，由税务机关向纳税人追缴税款，对扣缴义务人处应扣未扣、应收未收税款百分之五十以上三倍以下的罚款。

第七十条　【阻挠税务检查】纳税人、扣缴义务人逃避、拒绝或者以其他方式阻挠税务机关检查的，由税务机关责令改正，可以处一万元以下的罚款；情节严重的，处一万元以上五万元以下的罚款。

第七十一条　【非法印制发票】违反本法第二十二条规定，非法印制发票的，由税务机关销毁非法印制的发票，没收违法所得和作案工具，并处一万元以上五万元以下的罚款；构成犯罪的，依法追究刑事责任。

第七十二条　【收缴发票与停止向其发售发票】从事生产、经营的纳税人、扣缴义务人有本法规定的税收违法行为，拒不接受税务机关处理的，税务机关可以收缴其发票或者停止向其发售发票。

第七十三条　【金融机构拒绝税务检查】纳税人、扣缴义务人的开户银行或者其他金融机构拒绝接受税务机关依法检查纳税人、扣缴义务人存款帐户，或者拒绝执行税务机关作出的冻结存款或者扣缴税款的决定，或者在接到税务机关的书面通知后帮助纳税人、扣缴义务人转移存款，造成税款流失的，由税务机关处十万元以上五十万元以下的罚款，对直接负责的主管人员和其他直接责任人员处一千元以上一万元以下的罚款。

第七十四条　【税务所决定的行政罚款额】本法规定的行政处罚，罚款额在二千元以下的，可以由税务所决定。

第七十五条　【罚没收入的入库】税务机关和司法机关的涉税罚没收入，应当按照税款入库预算级次上缴国库。

第七十六条　【擅改征税范围和入库预算级次的责任】税务

机关违反规定擅自改变税收征收管理范围和税款入库预算级次的,责令限期改正,对直接负责的主管人员和其他直接责任人员依法给予降级或者撤职的行政处分。

第七十七条 【涉嫌税务犯罪】纳税人、扣缴义务人有本法第六十三条、第六十五条、第六十六条、第六十七条、第七十一条规定的行为涉嫌犯罪的,税务机关应当依法移交司法机关追究刑事责任。

税务人员徇私舞弊,对依法应当移交司法机关追究刑事责任的不移交,情节严重的,依法追究刑事责任。

第七十八条 【未经税务机关依法委托征收税款的责任】未经税务机关依法委托征收税款的,责令退还收取的财物,依法给予行政处分或者行政处罚;致使他人合法权益受到损失的,依法承担赔偿责任;构成犯罪的,依法追究刑事责任。

第七十九条 【查封、扣押个人及其所扶养家属维持生活必需的住房和用品者的责任】税务机关、税务人员查封、扣押纳税人个人及其所扶养家属维持生活必需的住房和用品的,责令退还,依法给予行政处分;构成犯罪的,依法追究刑事责任。

第八十条 【税务人员与纳税人和扣缴义务人相勾结的违法与犯罪】税务人员与纳税人、扣缴义务人勾结,唆使或者协助纳税人、扣缴义务人有本法第六十三条、第六十五条、第六十六条规定的行为,构成犯罪的,依法追究刑事责任;尚不构成犯罪的,依法给予行政处分。

第八十一条 【受贿或索贿】税务人员利用职务上的便利,收受或者索取纳税人、扣缴义务人财物或者谋取其他不正当利益,构成犯罪的,依法追究刑事责任;尚不构成犯罪的,依法给予行政处分。

第八十二条 【税务人员的徇私舞弊或玩忽职守等】税务人员徇私舞弊或者玩忽职守,不征或者少征应征税款,致使国家税收遭受重大损失,构成犯罪的,依法追究刑事责任;尚不构成犯罪的,依法给予行政处分。

税务人员滥用职权,故意刁难纳税人、扣缴义务人的,调离税收工作岗位,并依法给予行政处分。

税务人员对控告、检举税收违法违纪行为的纳税人、扣缴义务人以及其他检举人进行打击报复的,依法给予行政处分;构成犯罪的,依法追究刑事责任。

税务人员违反法律、行政法规的规定,故意高估或者低估农业税计税产量,致使多征或者少征税款,侵犯农民合法权益或者损害国家利益,构成犯罪的,依法追究刑事责任;尚不构成犯罪的,依法给予行政处分。

第八十三条 【提前征收、延缓征收与摊派税款】违反法律、行政法规的规定提前征收、延缓征收或者摊派税款的,由其上级机关或者行政监察机关责令改正,对直接负责的主管人员和其他直接责任人员依法给予行政处分。

第八十四条 【违法的税收决定】违反法律、行政法规的规定,擅自作出税收的开征、停征或者减税、免税、退税、补税以及其他同税收法律、行政法规相抵触的决定的,除依照本法规定撤销其擅自作出的决定外,补征应征未征税款,退还不应征收而征收的税款,并由上级机关追究直接负责的主管人员和其他直接责任人员的行政责任;构成犯罪的,依法追究刑事责任。

第八十五条 【未依法回避】税务人员在征收税款或者查处税收违法案件时,未按照本法规定进行回避的,对直接负责的主管人员和其他直接责任人员,依法给予行政处分。

第八十六条 【未被发现的应受行政处罚的税收违法行为】违反税收法律、行政法规应当给予行政处罚的行为,在五年内未被发现的,不再给予行政处罚。

第八十七条 【违反保密规定的责任】未按照本法规定为纳

税人、扣缴义务人、检举人保密的,对直接负责的主管人员和其他直接责任人员,由所在单位或者有关单位依法给予行政处分。

第八十八条 【纳税争议】纳税人、扣缴义务人、纳税担保人同税务机关在纳税上发生争议时,必须先依照税务机关的纳税决定缴纳或者解缴税款及滞纳金或者提供相应的担保,然后可以依法申请行政复议;对行政复议决定不服的,可以依法向人民法院起诉。

当事人对税务机关的处罚决定、强制执行措施或者税收保全措施不服的,可以依法申请行政复议,也可以依法向人民法院起诉。

当事人对税务机关的处罚决定逾期不申请行政复议也不向人民法院起诉,又不履行的,作出处罚决定的税务机关可以采取本法第四十条规定的强制执行措施,或者申请人民法院强制执行。

第六章 附 则

第八十九条 【代办税务事宜】纳税人、扣缴义务人可以委托税务代理人代为办理税务事宜。

第九十条 【立法委任】耕地占用税、契税、农业税、牧业税征收管理的具体办法,由国务院另行制定。

关税及海关代征税收的征收管理,依照法律、行政法规的有关规定执行。

第九十一条 【国际条约优先】中华人民共和国同外国缔结的有关税收的条约、协定同本法有不同规定的,依照条约、协定的规定办理。

第九十二条 【不同规定的法律适用】本法施行前颁布的税收法律与本法有不同规定的,适用本法规定。

第九十三条 【实施细则】国务院根据本法制定实施细则。

第九十四条 【生效日期】本法自 2001 年 5 月 1 日起施行。

中华人民共和国
税收征收管理法实施细则

(2002年9月7日国务院令第362号公布 根据2012年11月9日国务院令第628号《关于修改和废止部分行政法规的决定》第一次修订 根据2013年7月18日国务院令第638号《关于废止和修改部分行政法规的决定》第二次修订 根据2016年2月6日国务院令第666号《关于修改部分行政法规的决定》第三次修订)

第一章 总 则

第一条 根据《中华人民共和国税收征收管理法》(以下简称税收征管法)的规定,制定本细则。

第二条 凡依法由税务机关征收的各种税收的征收管理,均适用税收征管法及本细则;税收征管法及本细则没有规定的,依照其他有关税收法律、行政法规的规定执行。

第三条 任何部门、单位和个人作出的与税收法律、行政法规相抵触的决定一律无效,税务机关不得执行,并应当向上级税务机关报告。

纳税人应当依照税收法律、行政法规的规定履行纳税义务;其签订的合同、协议等与税收法律、行政法规相抵触的,一律无效。

第四条 国家税务总局负责制定全国税务系统信息化建设的总体规划、技术标准、技术方案与实施办法；各级税务机关应当按照国家税务总局的总体规划、技术标准、技术方案与实施办法，做好本地区税务系统信息化建设的具体工作。

地方各级人民政府应当积极支持税务系统信息化建设，并组织有关部门实现相关信息的共享。

第五条 税收征管法第八条所称为纳税人、扣缴义务人保密的情况，是指纳税人、扣缴义务人的商业秘密及个人隐私。纳税人、扣缴义务人的税收违法行为不属于保密范围。

第六条 国家税务总局应当制定税务人员行为准则和服务规范。

上级税务机关发现下级税务机关的税收违法行为，应当及时予以纠正；下级税务机关应当按照上级税务机关的决定及时改正。

下级税务机关发现上级税务机关的税收违法行为，应当向上级税务机关或者有关部门报告。

第七条 税务机关根据检举人的贡献大小给予相应的奖励，奖励所需资金列入税务部门年度预算，单项核定。奖励资金具体使用办法以及奖励标准，由国家税务总局会同财政部制定。

第八条 税务人员在核定应纳税额、调整税收定额、进行税务检查、实施税务行政处罚、办理税务行政复议时，与纳税人、扣缴义务人或者其法定代表人、直接责任人有下列关系之一的，应当回避：

（一）夫妻关系；

（二）直系血亲关系；

（三）三代以内旁系血亲关系；

（四）近姻亲关系；

（五）可能影响公正执法的其他利害关系。

第九条 税收征管法第十四条所称按照国务院规定设立的并

向社会公告的税务机构,是指省以下税务局的稽查局。稽查局专司偷税、逃避追缴欠税、骗税、抗税案件的查处。

国家税务总局应当明确划分税务局和稽查局的职责,避免职责交叉。

第二章　税　务　登　记

第十条　国家税务局、地方税务局对同一纳税人的税务登记应当采用同一代码,信息共享。

税务登记的具体办法由国家税务总局制定。

第十一条　各级工商行政管理机关应当向同级国家税务局和地方税务局定期通报办理开业、变更、注销登记以及吊销营业执照的情况。

通报的具体办法由国家税务总局和国家工商行政管理总局联合制定。

第十二条　从事生产、经营的纳税人应当自领取营业执照之日起30日内,向生产、经营地或者纳税义务发生地的主管税务机关申报办理税务登记,如实填写税务登记表,并按照税务机关的要求提供有关证件、资料。

前款规定以外的纳税人,除国家机关和个人外,应当自纳税义务发生之日起30日内,持有关证件向所在地的主管税务机关申报办理税务登记。

个人所得税的纳税人办理税务登记的办法由国务院另行规定。

税务登记证件的式样,由国家税务总局制定。

第十三条　扣缴义务人应当自扣缴义务发生之日起30日内,向所在地的主管税务机关申报办理扣缴税款登记,领取扣缴税款登记证件;税务机关对已办理税务登记的扣缴义务人,可以只在其税务登记证件上登记扣缴税款事项,不再发给扣缴税款登记证件。

第十四条 纳税人税务登记内容发生变化的,应当自工商行政管理机关或者其他机关办理变更登记之日起30日内,持有关证件向原税务登记机关申报办理变更税务登记。

纳税人税务登记内容发生变化,不需要到工商行政管理机关或者其他机关办理变更登记的,应当自发生变化之日起30日内,持有关证件向原税务登记机关申报办理变更税务登记。

第十五条 纳税人发生解散、破产、撤销以及其他情形,依法终止纳税义务的,应当在向工商行政管理机关或者其他机关办理注销登记前,持有关证件向原税务登记机关申报办理注销税务登记;按照规定不需要在工商行政管理机关或者其他机关办理注册登记的,应当自有关机关批准或者宣告终止之日起15日内,持有关证件向原税务登记机关申报办理注销税务登记。

纳税人因住所、经营地点变动,涉及改变税务登记机关的,应当在向工商行政管理机关或者其他机关申请办理变更或者注销登记前或者住所、经营地点变动前,向原税务登记机关申报办理注销税务登记,并在30日内向迁达地税务机关申报办理税务登记。

纳税人被工商行政管理机关吊销营业执照或者被其他机关予以撤销登记的,应当自营业执照被吊销或者被撤销登记之日起15日内,向原税务登记机关申报办理注销税务登记。

第十六条 纳税人在办理注销税务登记前,应当向税务机关结清应纳税款、滞纳金、罚款,缴销发票、税务登记证件和其他税务证件。

第十七条 从事生产、经营的纳税人应当自开立基本存款账户或者其他存款账户之日起15日内,向主管税务机关书面报告其全部账号;发生变化的,应当自变化之日起15日内,向主管税务机关书面报告。

第十八条 除按照规定不需要发给税务登记证件的外,纳税

人办理下列事项时,必须持税务登记证件:

(一)开立银行账户;

(二)申请减税、免税、退税;

(三)申请办理延期申报、延期缴纳税款;

(四)领购发票;

(五)申请开具外出经营活动税收管理证明;

(六)办理停业、歇业;

(七)其他有关税务事项。

第十九条 税务机关对税务登记证件实行定期验证和换证制度。纳税人应当在规定的期限内持有关证件到主管税务机关办理验证或者换证手续。

第二十条 纳税人应当将税务登记证件正本在其生产、经营场所或者办公场所公开悬挂,接受税务机关检查。

纳税人遗失税务登记证件的,应当在15日内书面报告主管税务机关,并登报声明作废。

第二十一条 从事生产、经营的纳税人到外县(市)临时从事生产、经营活动的,应当持税务登记证副本和所在地税务机关填开的外出经营活动税收管理证明,向营业地税务机关报验登记,接受税务管理。

从事生产、经营的纳税人外出经营,在同一地累计超过180天的,应当在营业地办理税务登记手续。

第三章 账簿、凭证管理

第二十二条 从事生产、经营的纳税人应当自领取营业执照或者发生纳税义务之日起15日内,按照国家有关规定设置账簿。

前款所称账簿,是指总账、明细账、日记账以及其他辅助性账簿。总账、日记账应当采用订本式。

第二十三条 生产、经营规模小又确无建账能力的纳税人,可以聘请经批准从事会计代理记账业务的专业机构或者财会人员代为建账和办理账务。

第二十四条 从事生产、经营的纳税人应当自领取税务登记证件之日起 15 日内,将其财务、会计制度或者财务、会计处理办法报送主管税务机关备案。

纳税人使用计算机记账的,应当在使用前将会计电算化系统的会计核算软件、使用说明书及有关资料报送主管税务机关备案。

纳税人建立的会计电算化系统应当符合国家有关规定,并能正确、完整核算其收入或者所得。

第二十五条 扣缴义务人应当自税收法律、行政法规规定的扣缴义务发生之日起 10 日内,按照所代扣、代收的税种,分别设置代扣代缴、代收代缴税款账簿。

第二十六条 纳税人、扣缴义务人会计制度健全,能够通过计算机正确、完整计算其收入和所得或者代扣代缴、代收代缴税款情况的,其计算机输出的完整的书面会计记录,可视同会计账簿。

纳税人、扣缴义务人会计制度不健全,不能通过计算机正确、完整计算其收入和所得或者代扣代缴、代收代缴税款情况的,应当建立总账及与纳税或者代扣代缴、代收代缴税款有关的其他账簿。

第二十七条 账簿、会计凭证和报表,应当使用中文。民族自治地方可以同时使用当地通用的一种民族文字。外商投资企业和外国企业可以同时使用一种外国文字。

第二十八条 纳税人应当按照税务机关的要求安装、使用税控装置,并按照税务机关的规定报送有关数据和资料。

税控装置推广应用的管理办法由国家税务总局另行制定,报国务院批准后实施。

第二十九条 账簿、记账凭证、报表、完税凭证、发票、出口凭证以及其他有关涉税资料应当合法、真实、完整。

账簿、记账凭证、报表、完税凭证、发票、出口凭证以及其他有关涉税资料应当保存10年;但是,法律、行政法规另有规定的除外。

第四章 纳 税 申 报

第三十条 税务机关应当建立、健全纳税人自行申报纳税制度。纳税人、扣缴义务人可以采取邮寄、数据电文方式办理纳税申报或者报送代扣代缴、代收代缴税款报告表。

数据电文方式,是指税务机关确定的电话语音、电子数据交换和网络传输等电子方式。

第三十一条 纳税人采取邮寄方式办理纳税申报的,应当使用统一的纳税申报专用信封,并以邮政部门收据作为申报凭据。邮寄申报以寄出的邮戳日期为实际申报日期。

纳税人采取电子方式办理纳税申报的,应当按照税务机关规定的期限和要求保存有关资料,并定期书面报送主管税务机关。

第三十二条 纳税人在纳税期内没有应纳税款的,也应当按照规定办理纳税申报。

纳税人享受减税、免税待遇的,在减税、免税期间应当按照规定办理纳税申报。

第三十三条 纳税人、扣缴义务人的纳税申报或者代扣代缴、代收代缴税款报告表的主要内容包括:税种、税目,应纳税项目或者应代扣代缴、代收代缴税款项目,计税依据,扣除项目及标准,适用税率或者单位税额,应退税项目及税额、应减免税项目及税额,应纳税额或者应代扣代缴、代收代缴税额,税款所属期限、延期缴纳税款、欠税、滞纳金等。

第三十四条 纳税人办理纳税申报时,应当如实填写纳税申报表,并根据不同的情况相应报送下列有关证件、资料:

(一)财务会计报表及其说明材料;
(二)与纳税有关的合同、协议书及凭证;
(三)税控装置的电子报税资料;
(四)外出经营活动税收管理证明和异地完税凭证;
(五)境内或者境外公证机构出具的有关证明文件;
(六)税务机关规定应当报送的其他有关证件、资料。

第三十五条　扣缴义务人办理代扣代缴、代收代缴税款报告时,应当如实填写代扣代缴、代收代缴税款报告表,并报送代扣代缴、代收代缴税款的合法凭证以及税务机关规定的其他有关证件、资料。

第三十六条　实行定期定额缴纳税款的纳税人,可以实行简易申报、简并征期等申报纳税方式。

第三十七条　纳税人、扣缴义务人按照规定的期限办理纳税申报或者报送代扣代缴、代收代缴税款报告表确有困难,需要延期的,应当在规定的期限内向税务机关提出书面延期申请,经税务机关核准,在核准的期限内办理。

纳税人、扣缴义务人因不可抗力,不能按期办理纳税申报或者报送代扣代缴、代收代缴税款报告表的,可以延期办理;但是,应当在不可抗力情形消除后立即向税务机关报告。税务机关应当查明事实,予以核准。

第五章　税　款　征　收

第三十八条　税务机关应当加强对税款征收的管理,建立、健全责任制度。

税务机关根据保证国家税款及时足额入库、方便纳税人、降低税收成本的原则,确定税款征收的方式。

税务机关应当加强对纳税人出口退税的管理,具体管理办法由国家税务总局会同国务院有关部门制定。

第三十九条 税务机关应当将各种税收的税款、滞纳金、罚款,按照国家规定的预算科目和预算级次及时缴入国库,税务机关不得占压、挪用、截留,不得缴入国库以外或者国家规定的税款账户以外的任何账户。

已缴入国库的税款、滞纳金、罚款,任何单位和个人不得擅自变更预算科目和预算级次。

第四十条 税务机关应当根据方便、快捷、安全的原则,积极推广使用支票、银行卡、电子结算方式缴纳税款。

第四十一条 纳税人有下列情形之一的,属于税收征管法第三十一条所称特殊困难:

(一)因不可抗力,导致纳税人发生较大损失,正常生产经营活动受到较大影响的;

(二)当期货币资金在扣除应付职工工资、社会保险费后,不足以缴纳税款的。

计划单列市国家税务局、地方税务局可以参照税收征管法第三十一条第二款的批准权限,审批纳税人延期缴纳税款。

第四十二条 纳税人需要延期缴纳税款的,应当在缴纳税款期限届满前提出申请,并报送下列材料:申请延期缴纳税款报告,当期货币资金余额情况及所有银行存款账户的对账单,资产负债表,应付职工工资和社会保险费等税务机关要求提供的支出预算。

税务机关应当自收到申请延期缴纳税款报告之日起20日内作出批准或者不予批准的决定;不予批准的,从缴纳税款期限届满之日起加收滞纳金。

第四十三条 享受减税、免税优惠的纳税人,减税、免税期满,应当自期满次日起恢复纳税;减税、免税条件发生变化的,应当在纳税申报时向税务机关报告;不再符合减税、免税条件的,应当依法履行纳税义务;未依法纳税的,税务机关应当予以追缴。

第四十四条 税务机关根据有利于税收控管和方便纳税的原则,可以按照国家有关规定委托有关单位和人员代征零星分散和异地缴纳的税收,并发给委托代征证书。受托单位和人员按照代征证书的要求,以税务机关的名义依法征收税款,纳税人不得拒绝;纳税人拒绝的,受托代征单位和人员应当及时报告税务机关。

第四十五条 税收征管法第三十四条所称完税凭证,是指各种完税证、缴款书、印花税票、扣(收)税凭证以及其他完税证明。

未经税务机关指定,任何单位、个人不得印制完税凭证。完税凭证不得转借、倒卖、变造或者伪造。

完税凭证的式样及管理办法由国家税务总局制定。

第四十六条 税务机关收到税款后,应当向纳税人开具完税凭证。纳税人通过银行缴纳税款的,税务机关可以委托银行开具完税凭证。

第四十七条 纳税人有税收征管法第三十五条或者第三十七条所列情形之一的,税务机关有权采用下列任何一种方法核定其应纳税额:

(一)参照当地同类行业或者类似行业中经营规模和收入水平相近的纳税人的税负水平核定;

(二)按照营业收入或者成本加合理的费用和利润的方法核定;

(三)按照耗用的原材料、燃料、动力等推算或者测算核定;

(四)按照其他合理方法核定。

采用前款所列一种方法不足以正确核定应纳税额时,可以同时采用两种以上的方法核定。

纳税人对税务机关采取本条规定的方法核定的应纳税额有异议的,应当提供相关证据,经税务机关认定后,调整应纳税额。

第四十八条 税务机关负责纳税人纳税信誉等级评定工作。纳税人纳税信誉等级的评定办法由国家税务总局制定。

第四十九条 承包人或者承租人有独立的生产经营权,在财务上独立核算,并定期向发包人或者出租人上缴承包费或者租金的,承包人或者承租人应当就其生产、经营收入和所得纳税,并接受税务管理;但是,法律、行政法规另有规定的除外。

发包人或者出租人应当自发包或者出租之日起30日内将承包人或者承租人的有关情况向主管税务机关报告。发包人或者出租人不报告的,发包人或者出租人与承包人或者承租人承担纳税连带责任。

第五十条 纳税人有解散、撤销、破产情形的,在清算前应当向其主管税务机关报告;未结清税款的,由其主管税务机关参加清算。

第五十一条 税收征管法第三十六条所称关联企业,是指有下列关系之一的公司、企业和其他经济组织:

(一)在资金、经营、购销等方面,存在直接或者间接的拥有或者控制关系;

(二)直接或者间接地同为第三者所拥有或者控制;

(三)在利益上具有相关联的其他关系。

纳税人有义务就其与关联企业之间的业务往来,向当地税务机关提供有关的价格、费用标准等资料。具体办法由国家税务总局制定。

第五十二条 税收征管法第三十六条所称独立企业之间的业务往来,是指没有关联关系的企业之间按照公平成交价格和营业常规所进行的业务往来。

第五十三条 纳税人可以向主管税务机关提出与其关联企业之间业务往来的定价原则和计算方法,主管税务机关审核、批准后,与纳税人预先约定有关定价事项,监督纳税人执行。

第五十四条 纳税人与其关联企业之间的业务往来有下列情形之一的,税务机关可以调整其应纳税额:

（一）购销业务未按照独立企业之间的业务往来作价；

（二）融通资金所支付或者收取的利息超过或者低于没有关联关系的企业之间所能同意的数额，或者利率超过或者低于同类业务的正常利率；

（三）提供劳务，未按照独立企业之间业务往来收取或者支付劳务费用；

（四）转让财产、提供财产使用权等业务往来，未按照独立企业之间业务往来作价或者收取、支付费用；

（五）未按照独立企业之间业务往来作价的其他情形。

第五十五条　纳税人有本细则第五十四条所列情形之一的，税务机关可以按照下列方法调整计税收入额或者所得额：

（一）按照独立企业之间进行的相同或者类似业务活动的价格；

（二）按照再销售给无关联关系的第三者的价格所应取得的收入和利润水平；

（三）按照成本加合理的费用和利润；

（四）按照其他合理的方法。

第五十六条　纳税人与其关联企业未按照独立企业之间的业务往来支付价款、费用的，税务机关自该业务往来发生的纳税年度起3年内进行调整；有特殊情况的，可以自该业务往来发生的纳税年度起10年内进行调整。

第五十七条　税收征管法第三十七条所称未按照规定办理税务登记从事生产、经营的纳税人，包括到外县（市）从事生产、经营而未向营业地税务机关报验登记的纳税人。

第五十八条　税务机关依照税收征管法第三十七条的规定，扣押纳税人商品、货物的，纳税人应当自扣押之日起15日内缴纳税款。

对扣押的鲜活、易腐烂变质或者易失效的商品、货物，税务机关根据被扣押物品的保质期,可以缩短前款规定的扣押期限。

第五十九条 税收征管法第三十八条、第四十条所称其他财产,包括纳税人的房地产、现金、有价证券等不动产和动产。

机动车辆、金银饰品、古玩字画、豪华住宅或者一处以外的住房不属于税收征管法第三十八条、第四十条、第四十二条所称个人及其所扶养家属维持生活必需的住房和用品。

税务机关对单价5000元以下的其他生活用品,不采取税收保全措施和强制执行措施。

第六十条 税收征管法第三十八条、第四十条、第四十二条所称个人所扶养家属,是指与纳税人共同居住生活的配偶、直系亲属以及无生活来源并由纳税人扶养的其他亲属。

第六十一条 税收征管法第三十八条、第八十八条所称担保,包括经税务机关认可的纳税保证人为纳税人提供的纳税保证,以及纳税人或者第三人以其未设置或者未全部设置担保物权的财产提供的担保。

纳税保证人,是指在中国境内具有纳税担保能力的自然人、法人或者其他经济组织。

法律、行政法规规定的没有担保资格的单位和个人,不得作为纳税担保人。

第六十二条 纳税担保人同意为纳税人提供纳税担保的,应当填写纳税担保书,写明担保对象、担保范围、担保期限和担保责任以及其他有关事项。担保书须经纳税人、纳税担保人签字盖章并经税务机关同意,方为有效。

纳税人或者第三人以其财产提供纳税担保的,应当填写财产清单,并写明财产价值以及其他有关事项。纳税担保财产清单须经纳税人、第三人签字盖章并经税务机关确认,方为有效。

第六十三条 税务机关执行扣押、查封商品、货物或者其他财产时,应当由两名以上税务人员执行,并通知被执行人。被执行人是自然人的,应当通知被执行人本人或者其成年家属到场;被执行人是法人或者其他组织的,应当通知其法定代表人或者主要负责人到场;拒不到场的,不影响执行。

第六十四条 税务机关执行税收征管法第三十七条、第三十八条、第四十条的规定,扣押、查封价值相当于应纳税款的商品、货物或者其他财产时,参照同类商品的市场价、出厂价或者评估价估算。

税务机关按照前款方法确定应扣押、查封的商品、货物或者其他财产的价值时,还应当包括滞纳金和拍卖、变卖所发生的费用。

第六十五条 对价值超过应纳税额且不可分割的商品、货物或者其他财产,税务机关在纳税人、扣缴义务人或者纳税担保人无其他可供强制执行的财产的情况下,可以整体扣押、查封、拍卖。

第六十六条 税务机关执行税收征管法第三十七条、第三十八条、第四十条的规定,实施扣押、查封时,对有产权证件的动产或者不动产,税务机关可以责令当事人将产权证件交税务机关保管,同时可以向有关机关发出协助执行通知书,有关机关在扣押、查封期间不再办理该动产或者不动产的过户手续。

第六十七条 对查封的商品、货物或者其他财产,税务机关可以指令被执行人负责保管,保管责任由被执行人承担。

继续使用被查封的财产不会减少其价值的,税务机关可以允许被执行人继续使用;因被执行人保管或者使用的过错造成的损失,由被执行人承担。

第六十八条 纳税人在税务机关采取税收保全措施后,按照税务机关规定的期限缴纳税款的,税务机关应当自收到税款或者银行转回的完税凭证之日起1日内解除税收保全。

第六十九条 税务机关将扣押、查封的商品、货物或者其他财产变价抵缴税款时,应当交由依法成立的拍卖机构拍卖;无法委托拍卖或者不适于拍卖的,可以交由当地商业企业代为销售,也可以责令纳税人限期处理；无法委托商业企业销售，纳税人也无法处理的，可以由税务机关变价处理，具体办法由国家税务总局规定。国家禁止自由买卖的商品，应当交由有关单位按照国家规定的价格收购。

拍卖或者变卖所得抵缴税款、滞纳金、罚款以及拍卖、变卖等费用后，剩余部分应当在3日内退还被执行人。

第七十条 税收征管法第三十九条、第四十三条所称损失，是指因税务机关的责任，使纳税人、扣缴义务人或者纳税担保人的合法利益遭受的直接损失。

第七十一条 税收征管法所称其他金融机构，是指信托投资公司、信用合作社、邮政储蓄机构以及经中国人民银行、中国证券监督管理委员会等批准设立的其他金融机构。

第七十二条 税收征管法所称存款，包括独资企业投资人、合伙企业合伙人、个体工商户的储蓄存款以及股东资金账户中的资金等。

第七十三条 从事生产、经营的纳税人、扣缴义务人未按照规定的期限缴纳或者解缴税款的，纳税担保人未按照规定的期限缴纳所担保的税款的，由税务机关发出限期缴纳税款通知书，责令缴纳或者解缴税款的最长期限不得超过15日。

第七十四条 欠缴税款的纳税人或者其法定代表人在出境前未按照规定结清应纳税款、滞纳金或者提供纳税担保的，税务机关可以通知出入境管理机关阻止其出境。阻止出境的具体办法，由国家税务总局会同公安部制定。

第七十五条 税收征管法第三十二条规定的加收滞纳金的起止时间，为法律、行政法规规定或者税务机关依照法律、行政法规的规定确定的税款缴纳期限届满次日起至纳税人、扣缴义务人实际缴纳或者解缴税款之日止。

第七十六条 县级以上各级税务机关应当将纳税人的欠税情

况,在办税场所或者广播、电视、报纸、期刊、网络等新闻媒体上定期公告。

对纳税人欠缴税款的情况实行定期公告的办法,由国家税务总局制定。

第七十七条 税收征管法第四十九条所称欠缴税款数额较大,是指欠缴税款5万元以上。

第七十八条 税务机关发现纳税人多缴税款的,应当自发现之日起10日内办理退还手续;纳税人发现多缴税款,要求退还的,税务机关应当自接到纳税人退还申请之日起30日内查实并办理退还手续。

税收征管法第五十一条规定的加算银行同期存款利息的多缴税款退税,不包括依法预缴税款形成的结算退税、出口退税和各种减免退税。

退税利息按照税务机关办理退税手续当天中国人民银行规定的活期存款利率计算。

第七十九条 当纳税人既有应退税款又有欠缴税款的,税务机关可以将应退税款和利息先抵扣欠缴税款;抵扣后有余额的,退还纳税人。

第八十条 税收征管法第五十二条所称税务机关的责任,是指税务机关适用税收法律、行政法规不当或者执法行为违法。

第八十一条 税收征管法第五十二条所称纳税人、扣缴义务人计算错误等失误,是指非主观故意的计算公式运用错误以及明显的笔误。

第八十二条 税收征管法第五十二条所称特殊情况,是指纳税人或者扣缴义务人因计算错误等失误,未缴或者少缴、未扣或者少扣、未收或者少收税款,累计数额在10万元以上的。

第八十三条 税收征管法第五十二条规定的补缴和追征税款、滞纳金的期限,自纳税人、扣缴义务人应缴未缴或者少缴税款之日起计算。

第八十四条 审计机关、财政机关依法进行审计、检查时,对税务机关的税收违法行为作出的决定,税务机关应当执行;发现被审计、检查单位有税收违法行为的,向被审计、检查单位下达决定、意见书,责成被审计、检查单位向税务机关缴纳应当缴纳的税款、滞纳金。税务机关应当根据有关机关的决定、意见书,依照税收法律、行政法规的规定,将应收的税款、滞纳金按照国家规定的税收征收管理范围和税款入库预算级次缴入国库。

税务机关应当自收到审计机关、财政机关的决定、意见书之日起30日内将执行情况书面回复审计机关、财政机关。

有关机关不得将其履行职责过程中发现的税款、滞纳金自行征收入库或者以其他款项的名义自行处理、占压。

第六章 税 务 检 查

第八十五条 税务机关应当建立科学的检查制度,统筹安排检查工作,严格控制对纳税人、扣缴义务人的检查次数。

税务机关应当制定合理的税务稽查工作规程,负责选案、检查、审理、执行的人员的职责应当明确,并相互分离、相互制约,规范选案程序和检查行为。

税务检查工作的具体办法,由国家税务总局制定。

第八十六条 税务机关行使税收征管法第五十四条第(一)项职权时,可以在纳税人、扣缴义务人的业务场所进行;必要时,经县以上税务局(分局)局长批准,可以将纳税人、扣缴义务人以前会计年度的账簿、记账凭证、报表和其他有关资料调回税务机关检查,但是税务机关必须向纳税人、扣缴义务人开付清单,并在3个月内完整退还;有特殊情况的,经设区的市、自治州以上税务局局长批准,税务机关可以将纳税人、扣缴义务人当年的账簿、记账凭证、报表和其他有关资料调回检查,但是税务机关必须在30日内退还。

第八十七条 税务机关行使税收征管法第五十四条第(六)项职权时,应当指定专人负责,凭全国统一格式的检查存款账户许可证明进行,并有责任为被检查人保守秘密。

检查存款账户许可证明,由国家税务总局制定。

税务机关查询的内容,包括纳税人存款账户余额和资金往来情况。

第八十八条 依照税收征管法第五十五条规定,税务机关采取税收保全措施的期限一般不得超过6个月;重大案件需要延长的,应当报国家税务总局批准。

第八十九条 税务机关和税务人员应当依照税收征管法及本细则的规定行使税务检查职权。

税务人员进行税务检查时,应当出示税务检查证和税务检查通知书;无税务检查证和税务检查通知书的,纳税人、扣缴义务人及其他当事人有权拒绝检查。税务机关对集贸市场及集中经营业户进行检查时,可以使用统一的税务检查通知书。

税务检查证和税务检查通知书的式样、使用和管理的具体办法,由国家税务总局制定。

第七章 法律责任

第九十条 纳税人未按照规定办理税务登记证件验证或者换证手续的,由税务机关责令限期改正,可以处2000元以下的罚款;情节严重的,处2000元以上1万元以下的罚款。

第九十一条 非法印制、转借、倒卖、变造或者伪造完税凭证的,由税务机关责令改正,处2000元以上1万元以下的罚款;情节严重的,处1万元以上5万元以下的罚款;构成犯罪的,依法追究刑事责任。

第九十二条 银行和其他金融机构未依照税收征管法的规定在从事生产、经营的纳税人的账户中登录税务登记证件号码，或者未按规定在税务登记证件中登录从事生产、经营的纳税人的账户账号的，由税务机关责令其限期改正，处2000元以上2万元以下的罚款；情节严重的，处2万元以上5万元以下的罚款。

第九十三条 为纳税人、扣缴义务人非法提供银行账户、发票、证明或者其他方便，导致未缴、少缴税款或者骗取国家出口退税款的，税务机关除没收其违法所得外，可以处未缴、少缴或者骗取的税款1倍以下的罚款。

第九十四条 纳税人拒绝代扣、代收税款的，扣缴义务人应当向税务机关报告，由税务机关直接向纳税人追缴税款、滞纳金；纳税人拒不缴纳的，依照税收征管法第六十八条的规定执行。

第九十五条 税务机关依照税收征管法第五十四条第（五）项的规定，到车站、码头、机场、邮政企业及其分支机构检查纳税人有关情况时，有关单位拒绝的，由税务机关责令改正，可以处1万元以下的罚款；情节严重的，处1万元以上5万元以下的罚款。

第九十六条 纳税人、扣缴义务人有下列情形之一的，依照税收征管法第七十条的规定处罚：

（一）提供虚假资料，不如实反映情况，或者拒绝提供有关资料的；

（二）拒绝或者阻止税务机关记录、录音、录像、照相和复制与案件有关的情况和资料的；

（三）在检查期间，纳税人、扣缴义务人转移、隐匿、销毁有关资料的；

（四）有不依法接受税务检查的其他情形的。

第九十七条 税务人员私分扣押、查封的商品、货物或者其他财产，情节严重，构成犯罪的，依法追究刑事责任；尚不构成犯罪的,依法给予行政处分。

第九十八条 税务代理人违反税收法律、行政法规,造成纳税人未缴或者少缴税款的,除由纳税人缴纳或者补缴应纳税款、滞纳金外,对税务代理人处纳税人未缴或者少缴税款50%以上3倍以下的罚款。

第九十九条 税务机关对纳税人、扣缴义务人及其他当事人处以罚款或者没收违法所得时,应当开付罚没凭证;未开付罚没凭证的,纳税人、扣缴义务人以及其他当事人有权拒绝给付。

第一百条 税收征管法第八十八条规定的纳税争议,是指纳税人、扣缴义务人、纳税担保人对税务机关确定纳税主体、征税对象、征税范围、减税、免税及退税、适用税率、计税依据、纳税环节、纳税期限、纳税地点以及税款征收方式等具体行政行为有异议而发生的争议。

第八章 文书送达

第一百零一条 税务机关送达税务文书,应当直接送交受送达人。

受送达人是公民的,应当由本人直接签收;本人不在的,交其同住成年家属签收。

受送达人是法人或者其他组织的,应当由法人的法定代表人、其他组织的主要负责人或者该法人、组织的财务负责人、负责收件的人签收。受送达人有代理人的,可以送交其代理人签收。

第一百零二条 送达税务文书应当有送达回证,并由受送达人或者本细则规定的其他签收人在送达回证上记明收到日期,签名或者盖章,即为送达。

第一百零三条 受送达人或者本细则规定的其他签收人拒绝签收税务文书的,送达人应当在送达回证上记明拒收理由和日期,并由送达人和见证人签名或者盖章,将税务文书留在受送达人处,即视为送达。

第一百零四条 直接送达税务文书有困难的,可以委托其他有关机关或者其他单位代为送达,或者邮寄送达。

第一百零五条 直接或者委托送达税务文书的,以签收人或者见证人在送达回证上的签收或者注明的收件日期为送达日期;邮寄送达的,以挂号函件回执上注明的收件日期为送达日期,并视为已送达。

第一百零六条 有下列情形之一的,税务机关可以公告送达税务文书,自公告之日起满30日,即视为送达:

(一)同一送达事项的受送达人众多;
(二)采用本章规定的其他送达方式无法送达。

第一百零七条 税务文书的格式由国家税务总局制定。本细则所称税务文书,包括:

(一)税务事项通知书;
(二)责令限期改正通知书;
(三)税收保全措施决定书;
(四)税收强制执行决定书;
(五)税务检查通知书;
(六)税务处理决定书;
(七)税务行政处罚决定书;
(八)行政复议决定书;
(九)其他税务文书。

第九章 附 则

第一百零八条 税收征管法及本细则所称"以上"、"以下"、"日内"、"届满"均含本数。

第一百零九条 税收征管法及本细则所规定期限的最后一日是法定休假日的,以休假日期满的次日为期限的最后一日;在期限内有连续3日以上法定休假日的,按休假日天数顺延。

第一百一十条 税收征管法第三十条第三款规定的代扣、代收手续费,纳入预算管理,由税务机关依照法律、行政法规的规定付给扣缴义务人。

第一百一十一条 纳税人、扣缴义务人委托税务代理人代为办理税务事宜的办法,由国家税务总局规定。

第一百一十二条 耕地占用税、契税、农业税、牧业税的征收管理,按照国务院的有关规定执行。

第一百一十三条 本细则自2002年10月15日起施行。1993年8月4日国务院发布的《中华人民共和国税收征收管理法实施细则》同时废止。

国家税务总局关于全面实施新个人所得税法若干征管衔接问题的公告

(2018年12月19日国家税务总局公告2018年第56号公布 自2019年1月1日起施行)

为贯彻落实新修改的《中华人民共和国个人所得税法》(以下简称"新个人所得税法"),现就全面实施新个人所得税法后扣缴义务人对居民个人工资、薪金所得,劳务报酬所得,稿酬所得,特许权使用费所得预扣预缴个人所得税的计算方法,对非居民个人上述四项所得扣缴个人所得税的计算方法,公告如下:

一、居民个人预扣预缴方法

扣缴义务人向居民个人支付工资、薪金所得,劳务报酬所得,稿酬所得,特许权使用费所得时,按以下方法预扣预缴个人所得税,并向主管税务机关报送《个人所得税扣缴申报表》(见附件1)。年度预扣预缴税额与年度应纳税额不一致的,由居民个人于次年3月1日至6月30日向主管税务机关办理综合所得年度汇算清缴,税款多退少补。

(一)扣缴义务人向居民个人支付工资、薪金所得时,应当按照累计预扣法计算预扣税款,并按月办理全员全额扣缴申报。具体计算公式如下:

本期应预扣预缴税额=(累计预扣预缴应纳税所得额×预扣率-速算扣除数)-累计减免税额-累计已预扣预缴税额

累计预扣预缴应纳税所得额=累计收入-累计免税收入-累计减除费用-累计专项扣除-累计专项附加扣除-累计依法确定的其他扣除

其中:累计减除费用,按照5000元/月乘以纳税人当年截至本月在本单位的任职受雇月份数计算。

上述公式中,计算居民个人工资、薪金所得预扣预缴税额的预扣率、速算扣除数,按《个人所得税预扣率表一》(见附件2)执行。

(二)扣缴义务人向居民个人支付劳务报酬所得、稿酬所得、特许权使用费所得,按次或者按月预扣预缴个人所得税。具体预扣预缴方法如下:

劳务报酬所得、稿酬所得、特许权使用费所得以收入减除费用后的余额为收入额。其中,稿酬所得的收入额减按百分之七十计算。

减除费用：劳务报酬所得、稿酬所得、特许权使用费所得每次收入不超过四千元的，减除费用按八百元计算；每次收入四千元以上的，减除费用按百分之二十计算。

应纳税所得额：劳务报酬所得、稿酬所得、特许权使用费所得，以每次收入额为预扣预缴应纳税所得额。劳务报酬所得适用百分之二十至百分之四十的超额累进预扣率（见附件2《个人所得税预扣率表二》），稿酬所得、特许权使用费所得适用百分之二十的比例预扣率。

劳务报酬所得应预扣预缴税额＝预扣预缴应纳税所得额×预扣率－速算扣除数

稿酬所得、特许权使用费所得应预扣预缴税额＝预扣预缴应纳税所得额×20%

二、非居民个人扣缴方法

扣缴义务人向非居民个人支付工资、薪金所得，劳务报酬所得，稿酬所得和特许权使用费所得时，应当按以下方法按月或者按次代扣代缴个人所得税：

非居民个人的工资、薪金所得，以每月收入额减除费用五千元后的余额为应纳税所得额；劳务报酬所得、稿酬所得、特许权使用费所得，以每次收入额为应纳税所得额，适用按月换算后的非居民个人月度税率表（见附件2《个人所得税税率表三》）计算应纳税额。其中，劳务报酬所得、稿酬所得、特许权使用费所得以收入减除百分之二十的费用后的余额为收入额。稿酬所得的收入额减按百分之七十计算。

非居民个人工资、薪金所得，劳务报酬所得，稿酬所得，特许权使用费所得应纳税额＝应纳税所得额×税率－速算扣除数

本公告自2019年1月1日起施行。

特此公告。

附件:1.《个人所得税扣缴申报表》及填表说明①(已废止,此处略)
2.个人所得税税率表及预扣率表

个人所得税预扣率表一

(居民个人工资、薪金所得预扣预缴适用)

级数	累计预扣预缴应纳税所得额	预扣率(%)	速算扣除数
1	不超过36000元的部分	3	0
2	超过36000元至144000元的部分	10	2520
3	超过144000元至300000元的部分	20	16920
4	超过300000元至420000元的部分	25	31920
5	超过420000元至660000元的部分	30	52920
6	超过660000元至960000元的部分	35	85920
7	超过960000元的部分	45	181920

个人所得税预扣率表二

(居民个人劳务报酬所得预扣预缴适用)

级数	预扣预缴应纳税所得额	预扣率(%)	速算扣除数
1	不超过20000元的	20	0
2	超过20000元至50000元的部分	30	2000
3	超过50000元的部分	40	7000

---

① 根据《国家税务总局关于修订个人所得税申报表的公告》(国家税务总局公告2019年第7号),本表废止。

个人所得税税率表三

(非居民个人工资、薪金所得,劳务报酬所得,
稿酬所得,特许权使用费所得适用)

级数	应纳税所得额	税率(%)	速算扣除数
1	不超过3000元的	3	0
2	超过3000元至12000元的部分	10	210
3	超过12000元至25000元的部分	20	1410
4	超过25000元至35000元的部分	25	2660
5	超过35000元至55000元的部分	30	4410
6	超过55000元至80000元的部分	35	7160
7	超过80000元的部分	45	15160

欠税公告办法(试行)

(2004年10月10日国家税务总局令第9号公布 根据2018年6月15日国家税务总局令第44号《关于修改部分税务部门规章的决定》修正)

第一条 为了规范税务机关的欠税公告行为,督促纳税人自觉缴纳欠税,防止新的欠税的发生,保证国家税款的及时足额入库,根据《中华人民共和国税收征收管理法》(以下简称《税收征管法》)及其实施细则的规定,制定本办法。

第二条　本办法所称公告机关为县以上(含县)税务局。

第三条　本办法所称欠税是指纳税人超过税收法律、行政法规规定的期限或者纳税人超过税务机关依照税收法律、行政法规规定确定的纳税期限(以下简称税款缴纳期限)未缴纳的税款,包括:

(一)办理纳税申报后,纳税人未在税款缴纳期限内缴纳的税款;

(二)经批准延期缴纳的税款期限已满,纳税人未在税款缴纳期限内缴纳的税款;

(三)税务检查已查定纳税人的应补税额,纳税人未在税款缴纳期限内缴纳的税款;

(四)税务机关根据《税收征管法》第二十七条、第三十五条核定纳税人的应纳税额,纳税人未在税款缴纳期限内缴纳的税款;

(五)纳税人的其他未在税款缴纳期限内缴纳的税款。

税务机关对前款规定的欠税数额应当及时核实。

本办法公告的欠税不包括滞纳金和罚款。

第四条　公告机关应当按期在办税场所或者广播、电视、报纸、期刊、网络等新闻媒体上公告纳税人的欠缴税款情况。

(一)企业或单位欠税的,每季公告一次;

(二)个体工商户和其他个人欠税的,每半年公告一次;

(三)走逃、失踪的纳税户以及其他经税务机关查无下落的非正常户欠税的,随时公告。

第五条　欠税公告内容如下:

(一)企业或单位欠税的,公告企业或单位的名称、纳税人识别号、法定代表人或负责人姓名、居民身份证或其他有效身份证件号码、经营地点、欠税税种、欠税余额和当期新发生的欠税金额;

(二)个体工商户欠税的,公告业户名称、业主姓名、纳税人识别号、居民身份证或其他有效身份证件号码、经营地点、欠税税种、欠税余额和当期新发生的欠税金额；

（三）个人（不含个体工商户）欠税的，公告其姓名、居民身份证或其他有效身份证件号码、欠税税种、欠税余额和当期新发生的欠税金额。

第六条　企业、单位纳税人欠缴税款200万元以下（不含200万元），个体工商户和其他个人欠缴税款10万元以下（不含10万元）的，由县级税务局（分局）在办税服务厅公告。

企业、单位纳税人欠缴税款200万元以上（含200万元），个体工商户和其他个人欠缴税款10万元以上（含10万元）的，由地（市）级税务局（分局）公告。

对走逃、失踪的纳税户以及其他经税务机关查无下落的纳税人欠税的，由各省、自治区、直辖市和计划单列市税务局公告。

第七条　对按本办法规定需要由上级公告机关公告的纳税人欠税信息，下级公告机关应及时上报。具体的时间和要求由各省、自治区、直辖市和计划单列市税务局确定。

第八条　公告机关在欠税公告前，应当深入细致地对纳税人欠税情况进行确认，重点要就欠税统计清单数据与纳税人分户台账记载数据、账簿记载书面数据与信息系统记录电子数据逐一进行核对，确保公告数据的真实、准确。

第九条　欠税一经确定，公告机关应当以正式文书的形式签发公告决定，向社会公告。

欠税公告的数额实行欠税余额和新增欠税相结合的办法，对纳税人的以下欠税，税务机关可不公告：

（一）已宣告破产，经法定清算后，依法注销其法人资格的企业欠税；

（二）被责令撤销、关闭，经法定清算后，被依法注销或吊销其法人资格的企业欠税；

（三）已经连续停止生产经营一年（按日历日期计算）以上的

企业欠税；

（四）失踪两年以上的纳税人的欠税。

公告决定应当列为税收征管资料档案，妥善保存。

第十条 公告机关公告纳税人欠税情况不得超出本办法规定的范围，并应依照《税收征管法》及其实施细则的规定对纳税人的有关情况进行保密。

第十一条 欠税发生后，除依照本办法公告外，税务机关应当依法催缴并严格按日计算加收滞纳金，直至采取税收保全、税收强制执行措施清缴欠税。任何单位和个人不得以欠税公告代替税收保全、税收强制执行等法定措施的实施，干扰清缴欠税。各级公告机关应指定部门负责欠税公告工作，并明确其他有关职能部门的相关责任，加强欠税管理。

第十二条 公告机关应公告不公告或者应上报不上报，给国家税款造成损失的，上级税务机关除责令其改正外，应按《中华人民共和国公务员法》规定，对直接责任人员予以处理。

第十三条 扣缴义务人、纳税担保人的欠税公告参照本办法的规定执行。

第十四条 各省、自治区、直辖市和计划单列市税务局可以根据本办法制定具体实施细则。

第十五条 本办法由国家税务总局负责解释。

第十六条 本办法自2005年1月1日起施行。

个人所得税管理办法

(2005年7月6日国家税务总局发布 国税发〔2005〕120号 根据2018年6月15日国家税务总局公告2018年第31号《关于修改部分税收规范性文件的公告》修正)

第一章 总 则

第一条 为了进一步加强和规范税务机关对个人所得税的征收管理,促进个人所得税征管的科学化、精细化,不断提高征管效率和质量,根据《中华人民共和国个人所得税法》(以下简称税法)、《中华人民共和国税收征收管理法》(以下简称征管法)及有关税收法律法规规定,制定本办法。

第二条 加强和规范个人所得税征管,要着力健全管理制度,完善征管手段,突出管理重点。即要建立个人收入档案管理制度、代扣代缴明细账制度、纳税人与扣缴义务人向税务机关双向申报制度、与社会各部门配合的协税制度;尽快研发应用统一的个人所得税管理信息系统,充分利用信息技术手段加强个人所得税管理;切实加强高收入者的重点管理、税源的源泉管理、全员全额管理。

第二章 个人收入档案管理制度

第三条 个人收入档案管理制度是指,税务机关按照要求对每个纳税人的个人基本信息、收入和纳税信息以及相关信息建立档案,并对其实施动态管理的一项制度。

第四条 省以下(含省级)各级税务机关的管理部门应当按照规定逐步对每个纳税人建立收入和纳税档案,实施"一户式"的动态管理。

第五条 省以下(含省级)各级税务机关的管理部门应区别不同类型纳税人,并按以下内容建立相应的基础信息档案:

(一)雇员纳税人(不含股东、投资者、外籍人员)的档案内容包括:姓名、身份证照类型、身份证照号码、学历、职业、职务、电子邮箱地址、有效联系电话、有效通信地址、邮政编码、户籍所在地、扣缴义务人编码、是否重点纳税人。

(二)非雇员纳税人(不含股东、投资者)的档案内容包括:姓名、身份证照类型、身份证照号码、电子邮箱地址、有效联系电话、有效通信地址(工作单位或家庭地址)、邮政编码、工作单位名称、扣缴义务人编码、是否重点纳税人。

(三)股东、投资者(不含个人独资、合伙企业投资者)的档案内容包括:姓名、国籍、身份证照类型、身份证照号码、有效通讯地址、邮政编码、户籍所在地、有效联系电话、电子邮箱地址、公司股本(投资)总额、个人股本(投资)额、扣缴义务人编码、是否重点纳税人。

(四)个人独资、合伙企业投资者、个体工商户、对企事业单位的承包承租经营人的档案内容包括:姓名、身份证照类型、身份证照号码、个体工商户(或个人独资企业、合伙企业、承包承租企事业单位)名称,经济类型、行业、经营地址、邮政编码、有效联系电话、税务登记证号码、电子邮箱地址、所得税征收方式(核定、查账)、主管税务机关、是否重点纳税人。

(五)外籍人员(含雇员和非雇员)的档案内容包括:纳税人编码、姓名(中、英文)、性别、出生地(中、英文)、出生年月、境外地址(中、英文)、国籍或地区、身份证照类型、身份证照号码、居留许可号码(或台胞证号码、回乡证号码)、劳动就业证号码、职业、境内职务、境外职务、入境时间、任职期限、预计在华时间、预计离境时间、境内任职单位名称及税务登记证号码、境内任职单位地址、邮政编码、联系电话、其他任职单位(也应包括地址、电话、联系方式)名称及税务登记证号码、境内受聘或签约单位名称及税务登记证号码、地址、邮政编码、联系电话、境外派遣单位名称(中、英文)、境外派遣单位地址(中、英文)、支付地(包括境内支付还是境外支付)、是否重点纳税人。

第六条　纳税人档案的内容来源于:

(一)纳税人税务登记情况。

(二)《扣缴个人所得税报告表》和《支付个人收入明细表》。

(三)代扣代收税款凭证。

(四)个人所得税纳税申报表。

(五)社会公共部门提供的有关信息。

(六)税务机关的纳税检查情况和处罚记录。

(七)税务机关掌握的其他资料及纳税人提供的其他信息资料。

第七条　税务机关应对档案内容适时进行更新和调整;并根据本地信息化水平和征管能力提高的实际,以及个人收入的变化等情况,不断扩大档案管理的范围,直至实现全员全额管理。

第八条　税务机关应充分利用纳税人档案资料,加强个人所得税管理。定期对重点纳税人、重点行业和企业的个人档案资料进行比对分析和纳税评估,查找税源变动情况和原因,及时发现异常情况,采取措施堵塞征管漏洞。

第三章　代扣代缴明细账制度

第九条　代扣代缴明细账制度是指,税务机关依据个人所得税法和有关规定,要求扣缴义务人按规定报送其支付收入的个人所有的基本信息、支付个人收入和扣缴税款明细信息以及其他相关涉税信息,并对每个扣缴义务人建立档案,为后续实施动态管理打下基础的一项制度。

第十条 税务机关应按照税法及相关法律、法规的有关规定,督促扣缴义务人按规定设立代扣代缴税款账簿,正确反映个人所得税的扣缴情况。

第十一条 扣缴义务人申报的纳税资料,税务机关应严格审查核实。对《扣缴个人所得税报告表》和《支付个人收入明细表》没有按每一个人逐栏逐项填写的,或者填写内容不全的,主管税务机关应要求扣缴义务人重新填报。已实行信息化管理的,可以将《支付个人收入明细表》并入《扣缴个人所得税报告表》。

《扣缴个人所得税报告表》填写实际缴纳了个人所得税的纳税人的情况;《支付个人收入明细表》填写支付了应税收入,但未达到纳税标准的纳税人的情况。

第十二条 税务机关应将扣缴义务人报送的支付个人收入情况与其同期财务报表交叉比对,发现不符的,应要求其说明情况,并依法查实处理。

第十三条 税务机关应对每个扣缴义务人建立档案,其内容包括:扣缴义务人编码、扣缴义务人名称、税务(注册)登记证号码、电话号码、电子邮件地址、行业、经济类型、单位地址、邮政编码、法定代表人(单位负责人)和财务主管人员姓名及联系电话、税务登记机关、登记证照类型、发照日期、主管税务机关、应纳税所得额(按所得项目归类汇总)、免税收入、应纳税额(按所得项目归类汇总)、纳税人数、已纳税额、应补(退)税额、减免税额、滞纳金、罚款、完税凭证号等。

第十四条 扣缴义务人档案的内容来源于:

(一)扣缴义务人扣缴税款登记情况。

(二)《扣缴个人所得税报告表》和《支付个人收入明细表》。
(三)代扣代收税款凭证。
(四)社会公共部门提供的有关信息。
(五)税务机关的纳税检查情况和处罚记录。
(六)税务机关掌握的其他资料。

第四章 纳税人与扣缴义务人向税务机关双向申报制度

第十五条 纳税人与扣缴义务人向税务机关双向申报制度是指,纳税人与扣缴义务人按照法律、行政法规规定和税务机关依法律、行政法规所提出的要求,分别向主管税务机关办理纳税申报,税务机关对纳税人和扣缴义务人提供的收入、纳税信息进行交叉比对、核查的一项制度。

第十六条 对税法及其实施条例,以及相关法律、法规规定纳税人必须自行申报的,税务机关应要求其自行向主管税务机关进行纳税申报。

第十七条 税务机关接受纳税人、扣缴义务人的纳税申报时,应对申报的时限、应税项目、适用税率、税款计算及相关资料的完整性和准确性进行初步审核,发现有误的,应及时要求纳税人、扣缴义务人修正申报。

第十八条 税务机关应对双向申报的内容进行交叉比对和评估分析,从中发现问题并及时依法处理。

第五章 与社会各部门配合的协税制度

第十九条 与社会各部门配合的协税制度是指,税务机关应建立与个人收入和个人所得税征管有关的各部门的协调与配合的制度,及时掌握税源和与纳税有关的信息,共同制定和实施协税、护税措施,形成社会协税、护税网络。

第二十条 税务机关应重点加强与以下部门的协调配合:公安、检察、法院、工商、银行、文化体育、财政、劳动、房管、交通、审计、外汇管理等部门。

第二十一条 税务机关通过加强与有关部门的协调配合,着重掌握纳税人的相关收入信息。

(一)与公安部门联系,了解中国境内无住所个人出入境情况及在中国境内的居留暂住情况,实施阻止欠税人出境制度,掌握个人购车等情况。

(二)与工商部门联系,了解纳税人登记注册的变化情况和股份制企业股东及股本变化等情况。

(三)与文化体育部门联系,掌握各种演出、比赛获奖等信息,落实演出承办单位和体育单位的代扣代缴义务等情况。

(四)与房管部门联系,了解房屋买卖、出租等情况。

(五)与交通部门联系,了解出租车、货运车以及运营等情况。

(六)与劳动部门联系,了解中国境内无住所个人的劳动就业情况。

第二十二条 税务机关应积极创造条件,逐步实现与有关部门的相关信息共享或定期交换。

第二十三条 各级税务机关应当把大力宣传和普及个人所得税法知识、不断提高公民的依法纳税意识作为一项长期的基础性工作予以高度重视,列入重要议事日程,并结合征管工作的要求、社会关注的热点和本地征管的重点,加强与上述部门的密切配合。制定周密的宣传工作计划,充分利用各种宣传媒体和途径、采取灵活多样的方式进行个人所得税宣传。

第六章 加快信息化建设

第二十四条 各级税务机关应在金税工程三期的总体框架下,按照"一体化"要求和"统筹规划、统一标准,突出重点、分布实施,整合资源、讲究实效,加强管理、保证安全"的原则,进一步加快个人所得税征管信息化建设,以此提高个人所得税征管质量和效率。

第二十五条 按照一体化建设的要求,个人所得税与其他税种具有共性的部分,由核心业务系统统一开发软件,个人所得税个性的部分单独开发软件。根据个人所得税特点,总局先行开发个人所得税代扣代缴(扣缴义务人端)和基础信息管理(税务端)两个子系统。

第二十六条 代扣代缴(扣缴义务人端)系统的要求是:

(一)为扣缴义务人提供方便快捷的报税工具。

(二)可以从扣缴义务人现有的财务等软件中导入相关信息。

(三)自动计算税款,自动生成各种报表。

(四)支持多元化的申报方式。

(五)方便扣缴义务人统计、查询、打印。

(六)提供《代扣代收税款凭证》打印功能。

(七)便于税务机关接受扣缴义务人的明细扣缴申报,准确全面掌握有关基础数据资料。

第二十七条 基础信息管理系统(税务端)的要求是:

(一)建立个人收入纳税一户式档案,用于汇集扣缴义务人、纳税人的基础信息、收入及纳税信息资料。

(二)传递个人两处以上取得的收入及纳税信息给征管环节。

(三)从一户式档案中筛选高收入个人、高收入行业、重点纳税人、重点扣缴义务人,并实施重点管理。

（四）通过对纳税人收入、纳税相关信息进行汇总比对，判定纳税人申报情况的真实性。

（五）通过设定各类统计指标、口径和运用统计结果，为加强个人所得税管理和完善政策提供决策支持。

（六）建立与各部门的数据应用接口，为其他税费征收提供信息。

（七）按规定打印《中华人民共和国个人所得税完税证明》，为纳税人提供完税依据。

第二十八条 省级税务机关应做好现有个人所得税征管软件的整合工作。省级及以下各级税务机关原则上不应再自行开发个人所得税征管软件。

第七章 加强高收入者的重点管理

第二十九条 税务机关应将下列人员纳入重点纳税人范围：金融、保险、证券、电力、电信、石油、石化、烟草、民航、铁道、房地产、学校、医院、城市供水供气、出版社、公路管理、外商投资企业和外国企业、高新技术企业、中介机构、体育俱乐部等高收入行业人员；民营经济投资者、影视明星、歌星、体育明星、模特等高收入个人；临时来华演出人员。

第三十条 各级税务机关应从下列人员中，选择一定数量的个人作为重点纳税人，实施重点管理：

（一）收入较高者。

（二）知名度较高者。

（三）收入来源渠道较多者。

（四）收入项目较多者。

（五）无固定单位的自由职业者。

（六）对税收征管影响较大者。

第三十一条 各级税务机关对重点纳税人应实行滚动动态管理办法,每年都应根据本地实际情况,适时增补重点纳税人,不断扩大重点纳税人管理范围,直至实现全员全额管理。

第三十二条 税务机关应对重点纳税人按人建立专门档案,实行重点管理,随时跟踪其收入和纳税变化情况。

第三十三条 各级税务机关应充分利用建档管理掌握的重点纳税人信息,定期对重点纳税人的收入、纳税情况进行比对、评估分析,从中发现异常问题,及时采取措施堵塞管理漏洞。

第三十四条 省级(含计划单列市)税务机关应于每年7月底以前和次年1月底以前,分别将所确定的重点纳税人的半年和全年的基本情况及收入、纳税等情况,用Excel表格的形式填写《个人所得税重点纳税人收入和纳税情况汇总表》报送国家税务总局(所得税管理司)。

第三十五条 各级税务机关应强化对个体工商户、个人独资企业和合伙企业投资者以及独立从事劳务活动的个人的个人所得税征管。

(一)积极推行个体工商户、个人独资企业和合伙企业建账工作,规范财务管理,健全财务制度;有条件的地区应使用税控装置加强对纳税人的管理和监控。

(二)健全和完善核定征收工作,对账证不全、无法实行查账征收的纳税人,按规定实行核定征收,并根据纳税人经营情况及时进行定额调整。

(三)加强税务系统的协作配合,实现信息共享,建立健全个人所得税情报交流和异地协查制度,互通信息,解决同一个投资者在两处或两处以上投资和取得收入合并缴纳个人所得税的监控难题。

(四)加强个人投资者从其投资企业借款的管理,对期限超过一年又未用于企业生产经营的借款,严格按照有关规定征税。

（五）要严格对个人投资的企业和个体工商户税前扣除的管理，定期进行检查。对个人投资者以企业资金为本人、家庭成员及其相关人员支付的与生产经营无关的消费性、财产性支出，严格按照规定征税。

（六）加强对从事演出、广告、讲课、医疗等人员的劳务报酬所得的征收管理，全面推行预扣预缴办法，从源泉上加强征管。

第三十六条 税务机关要加强对重点纳税人、独立纳税人的专项检查，严厉打击涉税违法犯罪行为。各地每年应当通过有关媒体公开曝光2至3起个人所得税违法犯罪案件。

第三十七条 税务机关要重视和加强重点纳税人、独立纳税人的个人所得税日常检查，及时发现征管漏洞和薄弱环节，制定和完善征管制度、办法。日常检查由省级以下税务机关的征管和税政部门共同组织实施。

实施日常检查应当制定计划，并按规定程序进行，防止多次、重复检查，防止影响纳税人的生产经营。

第八章　加强税源的源泉管理

第三十八条 税务机关应严格税务登记管理制度，认真开展漏征漏管户的清理工作，摸清底数。

第三十九条 税务机关应按照有关要求建立和健全纳税人、扣缴义务人的档案，切实加强个人所得税税源管理。

第四十条 税务机关应继续做好代扣代缴工作，提高扣缴质量和水平：

（一）要继续贯彻落实已有的个人所得税代扣代缴工作制度和办法，并在实践中不断完善提高。

（二）要对本地区所有行政、企事业单位、社会团体等扣缴义务人进行清理和摸底，在此基础上按照纳税档案管理的指标建立扣缴义务人台账或基本账户,对其实行跟踪管理。

(三)配合全员全额管理,推行扣缴义务人支付个人收入明细申报制度。

(四)对下列行业应实行重点税源管理:金融、保险、证券、电力、电信、石油、石化、烟草、民航、铁道、房地产、学校、医院、城市供水供气、出版社、公路管理、外商投资企业、高新技术企业、中介机构、体育俱乐部等高收入行业;连续3年(含3年)为零申报的代扣代缴单位(以下简称长期零申报单位)。

(五)对重点税源管理的行业、单位和长期零申报单位,应将其列为每年开展专项检查的重点对象,或对其纳税申报材料进行重点审核。

第四十一条 各级税务机关应充分利用与各部门配合的协作制度,从公安、工商、银行、文化、体育、房管、劳动、外汇管理等社会公共部门获取税源信息。

第四十二条 各级税务机关应利用从有关部门获取的信息,加强税源管理、进行纳税评估。税务机关应定期分析税源变化情况,对变动较大等异常情况,应及时分析原因,采取相应管理措施。

第四十三条 各级税务机关在加强查账征收工作的基础上,对符合征管法第三十五条规定情形的,采取定期定额征收和核定应税所得率征收,以及其他合理的办法核定征收个人所得税。

第四十四条 主管税务机关在确定对纳税人的核定征收方式后,要选择有代表性的典型户进行调查,在此基础上确定应纳税额。典型调查面不得低于核定征收纳税人的3%。

第九章　加强全员全额管理

第四十五条 全员全额管理是指,凡取得应税收入的个人,无论收入额是否达到个人所得税的纳税标准,均应就其取得的全部收入,通过代扣代缴和个人申报,全部纳入税务机关管理。

第四十六条 各级税务机关应本着先扣缴义务人后纳税人、先重点行业、企业和纳税人后一般行业、企业和纳税人,先进"笼子"后规范的原则,积极稳妥地推进全员全额管理工作。

第四十七条 各级税务机关要按照规定和要求,尽快建立个人收入档案管理制度、代扣代缴明细账制度、纳税人与扣缴义务人向税务机关双向申报制度、与社会各部门配合的协税制度,为实施全员全额管理打下基础。

第四十八条 各级税务机关应积极创造条件,并根据金税工程三期的总体规划和有关要求,依托信息化手段,逐步实现全员全额申报管理,并在此基础上,为每个纳税人开具完税凭证(证明)。

第四十九条 税务机关应充分利用全员全额管理掌握的纳税人信息、扣缴义务人信息、税源监控信息、有关部门、媒体提供的信息、税收管理人员实地采集的信息等,依据国家有关法律和政策法规的规定,对自行申报纳税人纳税申报情况和扣缴义务人扣缴税情况的真实性、准确性进行分析、判断,开展个人所得税纳税评估,提高全员全额管理的质量。

第五十条 税务机关应加强个人独资和合伙企业投资者、个体工商户、独立劳务者等无扣缴义务人的独立纳税人的基础信息和税源管理工作。

第五十一条 个人所得税纳税评估应按"人机结合"的方式进行,其基本原理和流程是:根据当地居民收入水平及其变动、行业收入水平及其变动等影响个人所得税的相关因素,建立纳税评估分析系统;根据税收收入增减额、增减率或行业平均指标模型确定出纳税评估的重点对象;对纳税评估对象进行具体评估分析,查找锁定引起该扣缴义务人或者纳税人个人所得税变化的具体因素;据此与评估对象进行约谈,要求其说明情况并纠正错误,或者交由稽查部门实施稽查,并进行后续的重点管理。

第五十二条 税务机关应按以下范围和来源采集纳税评估的信息：

（一）信息采集的范围

1. 当地职工年平均工资、月均工资水平。
2. 当地分行业职工年平均工资、月均工资水平。
3. 当地分行业资金利润率。
4. 企业财务报表相关数据。
5. 股份制企业分配股息、红利情况。
6. 其他有关数据。

（二）信息采集的来源

1. 税务登记的有关信息。
2. 纳税申报的有关信息。
3. 会计报表有关信息。
4. 税控收款装置的有关信息。
5. 中介机构出具的审计报告、评估报告的信息。
6. 相关部门、媒体提供的信息。
7. 税收管理人员到纳税户了解采集的信息。
8. 其他途径采集的纳税人和扣缴义务人与个人所得税征管有关的信息。

第五十三条 税务机关应设置纳税评估分析指标、财务分析指标、业户不良记录评析指标，通过分析确定某一期间个人所得税的总体税源发生增减变化的主要行业、主要企业、主要群体，确定纳税评估重点对象。个人所得税纳税评估的程序、指标、方法等按照总局《纳税评估管理办法》（试行）及相关规定执行。

第五十四条 个人所得税纳税评估主要从以下项目进行：

（一）工资、薪金所得，应重点分析工资总额增减率与该项目税款增减率对比情况，人均工资增减率与人均该项目税款增减率对比情况，税款增减率与企业利润增减率对比分析，同行业、同职务人员的收入和纳税情况对比分析。

（二）利息、股息、红利所得，应重点分析当年该项目税款与上年同期对比情况，该项目税款增减率与企业利润增减率对比情况，企业转增个人股本情况，企业税后利润分配情况。

（三）个体工商户的生产、经营所得（含个人独资企业和合伙企业），应重点分析当年与上年该项目税款对比情况，该项目税款增减率与企业利润增减率对比情况；税前扣除项目是否符合现行政策规定；是否连续多个月零申报；同地区、同行业个体工商户生产、经营所得的税负对比情况。

（四）对企事业单位的承包经营、承租经营所得，应重点分析当年与上年该项目税款对比情况，该项目税款增减率与企业利润增减率对比情况，其行业利润率、上缴税款占利润总额的比重等情况；是否连续多个月零申报；同地区、同行业对企事业单位的承包经营、承租经营所得的税负对比情况。

（五）劳务报酬所得，应重点分析纳税人取得的所得与过去对比情况，支付劳务费的合同、协议、项目情况，单位白条列支劳务报酬情况。

（六）其他各项所得，应结合个人所得税征管实际，选择有针对性的评估指标进行评估分析。

第十章　附　　则

第五十五条　储蓄存款利息所得的个人所得税管理办法，另行制定。

第五十六条　此前规定与本办法不一致的，按本办法执行。

第五十七条　本办法未尽事宜按照税收法律、法规以及相关规定办理。

第五十八条　本办法由国家税务总局负责解释，各省、自治区、直辖市和计划单列市税务局可根据本办法制定具体实施意见。

第五十九条 本办法自2005年10月1日起执行。

股权转让所得个人所得税管理办法(试行)

(2014年12月7日国家税务总局公告2014年第67号发布 根据2018年6月15日国家税务总局公告2018年第31号《关于修改部分税收规范性文件的公告》修正)

第一章 总 则

第一条 为加强股权转让所得个人所得税征收管理,规范税务机关、纳税人和扣缴义务人征纳行为,维护纳税人合法权益,根据《中华人民共和国个人所得税法》及其实施条例、《中华人民共和国税收征收管理法》及其实施细则,制定本办法。

第二条 本办法所称股权是指自然人股东(以下简称个人)投资于在中国境内成立的企业或组织(以下统称被投资企业,不包括个人独资企业和合伙企业)的股权或股份。

第三条 本办法所称股权转让是指个人将股权转让给其他个人或法人的行为,包括以下情形:

(一)出售股权;

(二)公司回购股权;

（三）发行人首次公开发行新股时，被投资企业股东将其持有的股份以公开发行方式一并向投资者发售；

（四）股权被司法或行政机关强制过户；

（五）以股权对外投资或进行其他非货币性交易；

（六）以股权抵偿债务；

（七）其他股权转移行为。

第四条 个人转让股权，以股权转让收入减除股权原值和合理费用后的余额为应纳税所得额，按"财产转让所得"缴纳个人所得税。

合理费用是指股权转让时按照规定支付的有关税费。

第五条 个人股权转让所得个人所得税，以股权转让方为纳税人，以受让方为扣缴义务人。

第六条 扣缴义务人应于股权转让相关协议签订后5个工作日内，将股权转让的有关情况报告主管税务机关。

被投资企业应当详细记录股东持有本企业股权的相关成本，如实向税务机关提供与股权转让有关的信息，协助税务机关依法执行公务。

第二章　股权转让收入的确认

第七条 股权转让收入是指转让方因股权转让而获得的现金、实物、有价证券和其他形式的经济利益。

第八条 转让方取得与股权转让相关的各种款项，包括违约金、补偿金以及其他名目的款项、资产、权益等，均应当并入股权转让收入。

第九条 纳税人按照合同约定，在满足约定条件后取得的后续收入，应当作为股权转让收入。

第十条 股权转让收入应当按照公平交易原则确定。

第十一条 符合下列情形之一的,主管税务机关可以核定股权转让收入:

(一)申报的股权转让收入明显偏低且无正当理由的;

(二)未按照规定期限办理纳税申报,经税务机关责令限期申报,逾期仍不申报的;

(三)转让方无法提供或拒不提供股权转让收入的有关资料;

(四)其他应核定股权转让收入的情形。

第十二条 符合下列情形之一,视为股权转让收入明显偏低:

(一)申报的股权转让收入低于股权对应的净资产份额的。其中,被投资企业拥有土地使用权、房屋、房地产企业未销售房产、知识产权、探矿权、采矿权、股权等资产的,申报的股权转让收入低于股权对应的净资产公允价值份额的;

(二)申报的股权转让收入低于初始投资成本或低于取得该股权所支付的价款及相关税费的;

(三)申报的股权转让收入低于相同或类似条件下同一企业同一股东或其他股东股权转让收入的;

(四)申报的股权转让收入低于相同或类似条件下同类行业的企业股权转让收入的;

(五)不具合理性的无偿让渡股权或股份;

(六)主管税务机关认定的其他情形。

第十三条 符合下列条件之一的股权转让收入明显偏低,视为有正当理由:

(一)能出具有效文件,证明被投资企业因国家政策调整,生产经营受到重大影响,导致低价转让股权;

(二)继承或将股权转让给其能提供具有法律效力身份关系证明的配偶、父母、子女、祖父母、外祖父母、孙子女、外孙子女、兄弟姐妹以及对转让人承担直接抚养或者赡养义务的抚养人或者赡养人;

(三)相关法律、政府文件或企业章程规定,并有相关资料充分证明转让价格合理且真实的本企业员工持有的不能对外转让股权的内部转让；

（四）股权转让双方能够提供有效证据证明其合理性的其他合理情形。

第十四条 主管税务机关应依次按照下列方法核定股权转让收入：

（一）净资产核定法

股权转让收入按照每股净资产或股权对应的净资产份额核定。

被投资企业的土地使用权、房屋、房地产企业未销售房产、知识产权、探矿权、采矿权、股权等资产占企业总资产比例超过20%的，主管税务机关可参照纳税人提供的具有法定资质的中介机构出具的资产评估报告核定股权转让收入。

6个月内再次发生股权转让且被投资企业净资产未发生重大变化的，主管税务机关可参照上一次股权转让时被投资企业的资产评估报告核定此次股权转让收入。

（二）类比法

1. 参照相同或类似条件下同一企业同一股东或其他股东股权转让收入核定；

2. 参照相同或类似条件下同类行业企业股权转让收入核定。

（三）其他合理方法

主管税务机关采用以上方法核定股权转让收入存在困难的，可以采取其他合理方法核定。

第三章 股权原值的确认

第十五条 个人转让股权的原值依照以下方法确认：

（一）以现金出资方式取得的股权，按照实际支付的价款与取得股权直接相关的合理税费之和确认股权原值；

（二）以非货币性资产出资方式取得的股权，按照税务机关认可或核定的投资入股时非货币性资产价格与取得股权直接相关的合理税费之和确认股权原值；

（三）通过无偿让渡方式取得股权，具备本办法第十三条第二项所列情形的，按取得股权发生的合理税费与原持有人的股权原值之和确认股权原值；

（四）被投资企业以资本公积、盈余公积、未分配利润转增股本，个人股东已依法缴纳个人所得税的，以转增额和相关税费之和确认其新转增股本的股权原值；

（五）除以上情形外，由主管税务机关按照避免重复征收个人所得税的原则合理确认股权原值。

第十六条　股权转让人已被主管税务机关核定股权转让收入并依法征收个人所得税的，该股权受让人的股权原值以取得股权时发生的合理税费与股权转让人被主管税务机关核定的股权转让收入之和确认。

第十七条　个人转让股权未提供完整、准确的股权原值凭证，不能正确计算股权原值的，由主管税务机关核定其股权原值。

第十八条　对个人多次取得同一被投资企业股权的，转让部分股权时，采用"加权平均法"确定其股权原值。

第四章　纳税申报

第十九条　个人股权转让所得个人所得税以被投资企业所在地税务机关为主管税务机关。

第二十条　具有下列情形之一的，扣缴义务人、纳税人应当依法在次月 15 日内向主管税务机关申报纳税：

（一）受让方已支付或部分支付股权转让价款的；

（二）股权转让协议已签订生效的；
（三）受让方已经实际履行股东职责或者享受股东权益的；
（四）国家有关部门判决、登记或公告生效的；
（五）本办法第三条第四至第七项行为已完成的；
（六）税务机关认定的其他有证据表明股权已发生转移的情形。

第二十一条 纳税人、扣缴义务人向主管税务机关办理股权转让纳税（扣缴）申报时，还应当报送以下资料：
（一）股权转让合同（协议）；
（二）股权转让双方身份证明；
（三）按规定需要进行资产评估的，需提供具有法定资质的中介机构出具的净资产或土地房产等资产价值评估报告；
（四）计税依据明显偏低但有正当理由的证明材料；
（五）主管税务机关要求报送的其他材料。

第二十二条 被投资企业应当在董事会或股东会结束后5个工作日内，向主管税务机关报送与股权变动事项相关的董事会或股东会决议、会议纪要等资料。

被投资企业发生个人股东变动或者个人股东所持股权变动的，应当在次月15日内向主管税务机关报送含有股东变动信息的《个人所得税基础信息表（A表）》及股东变更情况说明。

主管税务机关应当及时向被投资企业核实其股权变动情况，并确认相关转让所得，及时督促扣缴义务人和纳税人履行法定义务。

第二十三条 转让的股权以人民币以外的货币结算的，按照结算当日人民币汇率中间价，折算成人民币计算应纳税所得额。

第五章 征收管理

第二十四条 税务机关应加强与工商部门合作，落实和完善股权信息交换制度,积极开展股权转让信息共享工作。

第二十五条　税务机关应当建立股权转让个人所得税电子台账,将个人股东的相关信息录入征管信息系统,强化对每次股权转让间股权转让收入和股权原值的逻辑审核,对股权转让实施链条式动态管理。

第二十六条　税务机关应当加强对股权转让所得个人所得税的日常管理和税务检查,积极推进股权转让各税种协同管理。

第二十七条　纳税人、扣缴义务人及被投资企业未按照规定期限办理纳税(扣缴)申报和报送相关资料的,依照《中华人民共和国税收征收管理法》及其实施细则有关规定处理。

第二十八条　各地可通过政府购买服务的方式,引入中介机构参与股权转让过程中相关资产的评估工作。

第六章　附　　则

第二十九条　个人在上海证券交易所、深圳证券交易所转让从上市公司公开发行和转让市场取得的上市公司股票,转让限售股,以及其他有特别规定的股权转让,不适用本办法。

第三十条　各省、自治区、直辖市和计划单列市税务局可以根据本办法,结合本地实际,制定具体实施办法。

第三十一条　本办法自 2015 年 1 月 1 日起施行。《国家税务总局关于加强股权转让所得征收个人所得税管理的通知》(国税函〔2009〕285 号)、《国家税务总局关于股权转让个人所得税计税依据核定问题的公告》(国家税务总局公告 2010 年第 27 号)同时废止。

个体工商户个人所得税计税办法

(2014年12月27日国家税务总局令第35号公布 根据2018年6月15日国家税务总局令第44号《关于修改部分税务部门规章的决定》修正)

第一章 总　　则

第一条　为了规范和加强个体工商户个人所得税征收管理，根据个人所得税法等有关税收法律、法规和政策规定，制定本办法。

第二条　实行查账征收的个体工商户应当按照本办法的规定，计算并申报缴纳个人所得税。

第三条　本办法所称个体工商户包括：

（一）依法取得个体工商户营业执照，从事生产经营的个体工商户；

（二）经政府有关部门批准，从事办学、医疗、咨询等有偿服务活动的个人；

（三）其他从事个体生产、经营的个人。

第四条　个体工商户以业主为个人所得税纳税义务人。

第五条　个体工商户应纳税所得额的计算，以权责发生制为原则，属于当期的收入和费用，不论款项是否收付，均作为当期的收入和费用;不属于当期的收入和费用,即使款项已经在当期收付,均不作为当期收入和费用。本办法和财政部、国家税务总局另有规定的除外。

第六条 在计算应纳税所得额时,个体工商户会计处理办法与本办法和财政部、国家税务总局相关规定不一致的,应当依照本办法和财政部、国家税务总局的相关规定计算。

第二章 计税基本规定

第七条 个体工商户的生产、经营所得,以每一纳税年度的收入总额,减除成本、费用、税金、损失、其他支出以及允许弥补的以前年度亏损后的余额,为应纳税所得额。

第八条 个体工商户从事生产经营以及与生产经营有关的活动(以下简称生产经营)取得的货币形式和非货币形式的各项收入,为收入总额。包括:销售货物收入、提供劳务收入、转让财产收入、利息收入、租金收入、接受捐赠收入、其他收入。

前款所称其他收入包括个体工商户资产溢余收入、逾期一年以上的未退包装物押金收入、确实无法偿付的应付款项、已作坏账损失处理后又收回的应收款项、债务重组收入、补贴收入、违约金收入、汇兑收益等。

第九条 成本是指个体工商户在生产经营活动中发生的销售成本、销货成本、业务支出以及其他耗费。

第十条 费用是指个体工商户在生产经营活动中发生的销售费用、管理费用和财务费用,已经计入成本的有关费用除外。

第十一条 税金是指个体工商户在生产经营活动中发生的除个人所得税和允许抵扣的增值税以外的各项税金及其附加。

第十二条 损失是指个体工商户在生产经营活动中发生的固定资产和存货的盘亏、毁损、报废损失,转让财产损失,坏账损失,自然灾害等不可抗力因素造成的损失以及其他损失。

个体工商户发生的损失,减除责任人赔偿和保险赔款后的余额,参照财政部、国家税务总局有关企业资产损失税前扣除的规定扣除。

个体工商户已经作为损失处理的资产,在以后纳税年度又全部收回或者部分收回时,应当计入收回当期的收入。

第十三条 其他支出是指除成本、费用、税金、损失外,个体工商户在生产经营活动中发生的与生产经营活动有关的、合理的支出。

第十四条 个体工商户发生的支出应当区分收益性支出和资本性支出。收益性支出在发生当期直接扣除;资本性支出应当分期扣除或者计入有关资产成本,不得在发生当期直接扣除。

前款所称支出,是指与取得收入直接相关的支出。

除税收法律法规另有规定外,个体工商户实际发生的成本、费用、税金、损失和其他支出,不得重复扣除。

第十五条 个体工商户下列支出不得扣除:

(一)个人所得税税款;

(二)税收滞纳金;

(三)罚金、罚款和被没收财物的损失;

(四)不符合扣除规定的捐赠支出;

(五)赞助支出;

(六)用于个人和家庭的支出;

(七)与取得生产经营收入无关的其他支出;

(八)国家税务总局规定不准扣除的支出。

第十六条 个体工商户生产经营活动中,应当分别核算生产经营费用和个人、家庭费用。对于生产经营与个人、家庭生活混用难以分清的费用,其40%视为与生产经营有关费用,准予扣除。

第十七条 个体工商户纳税年度发生的亏损,准予向以后年度结转,用以后年度的生产经营所得弥补,但结转年限最长不得超过五年。

　　第十八条　个体工商户使用或者销售存货,按照规定计算的存货成本,准予在计算应纳税所得额时扣除。

　　第十九条　个体工商户转让资产,该项资产的净值,准予在计算应纳税所得额时扣除。

　　第二十条　本办法所称亏损,是指个体工商户依照本办法规定计算的应纳税所得额小于零的数额。

第三章　扣除项目及标准

　　第二十一条　个体工商户实际支付给从业人员的、合理的工资薪金支出,准予扣除。

　　个体工商户业主的费用扣除标准,依照相关法律、法规和政策规定执行。

　　个体工商户业主的工资薪金支出不得税前扣除。

　　第二十二条　个体工商户按照国务院有关主管部门或者省级人民政府规定的范围和标准为其业主和从业人员缴纳的基本养老保险费、基本医疗保险费、失业保险费、生育保险费、工伤保险费和住房公积金,准予扣除。

　　个体工商户为从业人员缴纳的补充养老保险费、补充医疗保险费,分别在不超过从业人员工资总额5%标准内的部分据实扣除;超过部分,不得扣除。

　　个体工商户业主本人缴纳的补充养老保险费、补充医疗保险费,以当地(地级市)上年度社会平均工资的3倍为计算基数,分别在不超过该计算基数5%标准内的部分据实扣除;超过部分,不得扣除。

　　第二十三条　除个体工商户依照国家有关规定为特殊工种从

业人员支付的人身安全保险费和财政部、国家税务总局规定可以扣除的其他商业保险费外,个体工商户业主本人或者为从业人员支付的商业保险费,不得扣除。

第二十四条 个体工商户在生产经营活动中发生的合理的不需要资本化的借款费用,准予扣除。

个体工商户为购置、建造固定资产、无形资产和经过12个月以上的建造才能达到预定可销售状态的存货发生借款的,在有关资产购置、建造期间发生的合理的借款费用,应当作为资本性支出计入有关资产的成本,并依照本办法的规定扣除。

第二十五条 个体工商户在生产经营活动中发生的下列利息支出,准予扣除:

(一)向金融企业借款的利息支出;

(二)向非金融企业和个人借款的利息支出,不超过按照金融企业同期同类贷款利率计算的数额的部分。

第二十六条 个体工商户在货币交易中,以及纳税年度终了时将人民币以外的货币性资产、负债按照期末即期人民币汇率中间价折算为人民币时产生的汇兑损失,除已经计入有关资产成本部分外,准予扣除。

第二十七条 个体工商户向当地工会组织拨缴的工会经费、实际发生的职工福利费支出、职工教育经费支出分别在工资薪金总额的2%、14%、2.5%的标准内据实扣除。

工资薪金总额是指允许在当期税前扣除的工资薪金支出数额。

职工教育经费的实际发生数额超出规定比例当期不能扣除的数额,准予在以后纳税年度结转扣除。

个体工商户业主本人向当地工会组织缴纳的工会经费、实际发生的职工福利费支出、职工教育经费支出,以当地(地级市)上年度社会平均工资的3倍为计算基数,在本条第一款规定比例内据实扣除。

第二十八条 个体工商户发生的与生产经营活动有关的业务招待费,按照实际发生额的60%扣除,但最高不得超过当年销售(营业)收入的5‰。

业主自申请营业执照之日起至开始生产经营之日止所发生的业务招待费,按照实际发生额的60%计入个体工商户的开办费。

第二十九条 个体工商户每一纳税年度发生的与其生产经营活动直接相关的广告费和业务宣传费不超过当年销售(营业)收入15%的部分,可以据实扣除;超过部分,准予在以后纳税年度结转扣除。

第三十条 个体工商户代其从业人员或者他人负担的税款,不得税前扣除。

第三十一条 个体工商户按照规定缴纳的摊位费、行政性收费、协会会费等,按实际发生数额扣除。

第三十二条 个体工商户根据生产经营活动的需要租入固定资产支付的租赁费,按照以下方法扣除:

(一)以经营租赁方式租入固定资产发生的租赁费支出,按照租赁期限均匀扣除;

(二)以融资租赁方式租入固定资产发生的租赁费支出,按照规定构成融资租入固定资产价值的部分应当提取折旧费用,分期扣除。

第三十三条 个体工商户参加财产保险,按照规定缴纳的保险费,准予扣除。

第三十四条 个体工商户发生的合理的劳动保护支出,准予扣除。

第三十五条 个体工商户自申请营业执照之日起至开始生产经营之日止所发生符合本办法规定的费用,除为取得固定资产、无形资产的支出,以及应计入资产价值的汇兑损益、利息支出外,作为开办费,个体工商户可以选择在开始生产经营的当年一次性扣除,也可自生产经营月份起在不短于3年期限内摊销扣除,但一经选定,不得改变。

开始生产经营之日为个体工商户取得第一笔销售(营业)收入的日期。

第三十六条 个体工商户通过公益性社会团体或者县级以上人民政府及其部门,用于《中华人民共和国公益事业捐赠法》规定的公益事业的捐赠,捐赠额不超过其应纳税所得额30%的部分可以据实扣除。

财政部、国家税务总局规定可以全额在税前扣除的捐赠支出项目,按有关规定执行。

个体工商户直接对受益人的捐赠不得扣除。

公益性社会团体的认定,按照财政部、国家税务总局、民政部有关规定执行。

第三十七条 本办法所称赞助支出,是指个体工商户发生的与生产经营活动无关的各种非广告性质支出。

第三十八条 个体工商户研究开发新产品、新技术、新工艺所发生的开发费用,以及研究开发新产品、新技术而购置单台价值在10万元以下的测试仪器和试验性装置的购置费准予直接扣除;单台价值在10万元以上(含10万元)的测试仪器和试验性装置,按固定资产管理,不得在当期直接扣除。

第四章　附　则

第三十九条 个体工商户资产的税务处理,参照企业所得税相关法律、法规和政策规定执行。

第四十条 个体工商户有两处或两处以上经营机构的,选择并固定向其中一处经营机构所在地主管税务机关申报缴纳个人所得税。

第四十一条 个体工商户终止生产经营的,应当在注销工商登记或者向政府有关部门办理注销前向主管税务机关结清有关纳税事宜。

第四十二条 各省、自治区、直辖市和计划单列市税务局可以结合本地实际,制定具体实施办法。

第四十三条 本办法自2015年1月1日起施行。国家税务总局1997年3月26日发布的《国家税务总局关于印发〈个体工商户个人所得税计税办法(试行)〉的通知》(国税发〔1997〕43号)同时废止。

三、纳税人权利义务

国家税务总局
关于纳税人权利与义务的公告

(2009年11月6日国家税务总局公告2009年第1号发布 根据2018年6月15日国家税务总局公告2018年第31号《关于修改部分税收规范性文件的公告》修正)

为便于您全面了解纳税过程中所享有的权利和应尽的义务,帮助您及时、准确地完成纳税事宜,促进您与我们在税收征纳过程中的合作("您"指纳税人或扣缴义务人,"我们"指税务机关或税务人员。下同),根据《中华人民共和国税收征收管理法》及其实施细则和相关税收法律、行政法规的规定,现就您的权利和义务告知如下:

您 的 权 利

您在履行纳税义务过程中,依法享有下列权利:

一、知情权

您有权向我们了解国家税收法律、行政法规的规定以及与纳税程序有关的情况,包括:现行税收法律、行政法规和税收政策规定;办理税收事项的时间、方式、步骤以及需要提交的资料;应纳税额核定及其他税务行政处理决定的法律依据、事实依据和计算方法;与我们在纳税、处罚和采取强制执行措施时发生争议或纠纷时,您可以采取的法律救济途径及需要满足的条件。

二、保密权

您有权要求我们为您的情况保密。我们将依法为您的商业秘密和个人隐私保密,主要包括您的技术信息、经营信息和您、主要投资人以及经营者不愿公开的个人事项。上述事项,如无法律、行政法规明确规定或者您的许可,我们将不会对外部门、社会公众和其他个人提供。但根据法律规定,税收违法行为信息不属于保密范围。

三、税收监督权

您对我们违反税收法律、行政法规的行为,如税务人员索贿受贿、徇私舞弊、玩忽职守,不征或者少征应征税款,滥用职权多征税款或者故意刁难等,可以进行检举和控告。同时,您对其他纳税人的税收违法行为也有权进行检举。

四、纳税申报方式选择权

您可以直接到办税服务厅办理纳税申报或者报送代扣代缴、

代收代缴税款报告表,也可以按照规定采取邮寄、数据电文或者其他方式办理上述申报、报送事项。但采取邮寄或数据电文方式办理上述申报、报送事项的,需经您的主管税务机关批准。

您如采取邮寄方式办理纳税申报,应当使用统一的纳税申报专用信封,并以邮政部门收据作为申报凭据。邮寄申报以寄出的邮戳日期为实际申报日期。

数据电文方式是指我们确定的电话语音、电子数据交换和网络传输等电子方式。您如采用电子方式办理纳税申报,应当按照我们规定的期限和要求保存有关资料,并定期书面报送给我们。

五、申请延期申报权

您如不能按期办理纳税申报或者报送代扣代缴、代收代缴税款报告表,应当在规定的期限内向我们提出书面延期申请,经核准,可在核准的期限内办理。经核准延期办理申报、报送事项的,应当在税法规定的纳税期内按照上期实际缴纳的税额或者我们核定的税额预缴税款,并在核准的延期内办理税款结算。

六、申请延期缴纳税款权

如您因有特殊困难,不能按期缴纳税款的,经省、自治区、直辖市税务局批准,可以延期缴纳税款,但是最长不得超过三个月。计划单列市税务局可以参照省税务机关的批准权限,审批您的延期缴纳税款申请。

您满足以下任何一个条件,均可以申请延期缴纳税款:一是因不可抗力,导致您发生较大损失,正常生产经营活动受到较大影响的;二是当期货币资金在扣除应付职工工资、社会保险费后,不足以缴纳税款的。

七、申请退还多缴税款权

对您超过应纳税额缴纳的税款,我们发现后,将自发现之日起10日内办理退还手续;如您自结算缴纳税款之日起三年内发现的,可以向我们要求退还多缴的税款并加算银行同期存款利息。

我们将自接到您退还申请之日起30日内查实并办理退还手续，涉及从国库中退库的，依照法律、行政法规有关国库管理的规定退还。

八、依法享受税收优惠权

您可以依照法律、行政法规的规定书面申请减税、免税。减税、免税的申请须经法律、行政法规规定的减税、免税审查批准机关审批。减税、免税期满，应当自期满次日起恢复纳税。减税、免税条件发生变化的，应当自发生变化之日起15日内向我们报告；不再符合减税、免税条件的，应当依法履行纳税义务。

如您享受的税收优惠需要备案的，应当按照税收法律、行政法规和有关政策规定，及时办理事前或事后备案。

九、委托税务代理权

您有权就以下事项委托税务代理人代为办理：办理、变更或者注销税务登记，除增值税专用发票外的发票领购手续、纳税申报或扣缴税款报告，税款缴纳和申请退税，制作涉税文书，审查纳税情况、建账建制、办理财务、税务咨询、申请税务行政复议、提起税务行政诉讼以及国家税务总局规定的其他业务。

十、陈述与申辩权

您对我们作出的决定，享有陈述权、申辩权。如果您有充分的证据证明自己的行为合法，我们就不得对您实施行政处罚；即使您的陈述或申辩不充分合理，我们也会向您解释实施行政处罚的原因。我们不会因您的申辩而加重处罚。

十一、对未出示税务检查证和税务检查通知书的拒绝检查权

我们派出的人员进行税务检查时，应当向您出示税务检查证和税务检查通知书；对未出示税务检查证和税务检查通知书的，您有权拒绝检查。

十二、税收法律救济权

您对我们作出的决定，依法享有申请行政复议、提起行政诉讼、请求国家赔偿等权利。

您、纳税担保人同我们在纳税上发生争议时,必须先依照我们的纳税决定缴纳或者解缴税款及滞纳金或者提供相应的担保,然后可以依法申请行政复议;对行政复议决定不服的,可以依法向人民法院起诉。如您对我们的处罚决定、强制执行措施或者税收保全措施不服的,可以依法申请行政复议,也可以依法向人民法院起诉。

当我们的职务违法行为给您和其他税务当事人的合法权益造成侵害时,您和其他税务当事人可以要求税务行政赔偿。主要包括:一是您在限期内已缴纳税款,我们未立即解除税收保全措施,使您的合法权益遭受损失的;二是我们滥用职权违法采取税收保全措施、强制执行措施或者采取税收保全措施、强制执行措施不当,使您或者纳税担保人的合法权益遭受损失的。

十三、依法要求听证的权利

对您作出规定金额以上罚款的行政处罚之前,我们会向您送达《税务行政处罚事项告知书》,告知您已经查明的违法事实、证据、行政处罚的法律依据和拟将给予的行政处罚。对此,您有权要求举行听证。我们将应您的要求组织听证。如您认为我们指定的听证主持人与本案有直接利害关系,您有权申请主持人回避。

对应当进行听证的案件,我们不组织听证,行政处罚决定不能成立。但您放弃听证权利或者被正当取消听证权利的除外。

十四、索取有关税收凭证的权利

我们征收税款时,必须给您开具完税凭证。扣缴义务人代扣、代收税款时,纳税人要求扣缴义务人开具代扣、代收税款凭证时,扣缴义务人应当开具。

我们扣押商品、货物或者其他财产时,必须开付收据;查封商品、货物或者其他财产时,必须开付清单。

您 的 义 务

依照宪法、税收法律和行政法规的规定,您在纳税过程中负有以下义务:

一、依法进行税务登记的义务

您应当自领取营业执照之日起 30 日内,持有关证件,向我们申报办理税务登记。税务登记主要包括领取营业执照后的设立登记、税务登记内容发生变化后的变更登记、依法申请停业、复业登记、依法终止纳税义务的注销登记等。

在各类税务登记管理中,您应该根据我们的规定分别提交相关资料,及时办理。同时,您应当按照我们的规定使用税务登记证件。税务登记证件不得转借、涂改、损毁、买卖或者伪造。

二、依法设置账簿、保管账簿和有关资料以及依法开具、使用、取得和保管发票的义务

您应当按照有关法律、行政法规和国务院财政、税务主管部门的规定设置账簿,根据合法、有效凭证记账,进行核算;从事生产、经营的,必须按照国务院财政、税务主管部门规定的保管期限保管账簿、记账凭证、完税凭证及其他有关资料;账簿、记账凭证、完税凭证及其他有关资料不得伪造、变造或者擅自损毁。

此外,您在购销商品、提供或者接受经营服务以及从事其他经营活动中,应当依法开具、使用、取得和保管发票。

三、财务会计制度和会计核算软件备案的义务

您的财务、会计制度或者财务、会计处理办法和会计核算软件,应当报送我们备案。您的财务、会计制度或者财务、会计处理办法与国务院或者国务院财政、税务主管部门有关税收的规定抵触的,应依照国务院或者国务院财政、税务主管部门有关税收的规定计算应纳税款、代扣代缴和代收代缴税款。

四、按照规定安装、使用税控装置的义务

国家根据税收征收管理的需要,积极推广使用税控装置。您应当按照规定安装、使用税控装置,不得损毁或者擅自改动税控装置。如您未按规定安装、使用税控装置,或者损毁或者擅自改动税控装置的,我们将责令您限期改正,并可根据情节轻重处以规定数额内的罚款。

五、按时、如实申报的义务

您必须依照法律、行政法规规定或者我们依照法律、行政法规的规定确定的申报期限、申报内容如实办理纳税申报,报送纳税申报表、财务会计报表以及我们根据实际需要要求您报送的其他纳税资料。

作为扣缴义务人,您必须依照法律、行政法规规定或者我们依照法律、行政法规的规定确定的申报期限、申报内容如实报送代扣代缴、代收代缴税款报告表以及我们根据实际需要要求您报送的其他有关资料。

您即使在纳税期内没有应纳税款,也应当按照规定办理纳税申报。享受减税、免税待遇的,在减税、免税期间应当按照规定办理纳税申报。

六、按时缴纳税款的义务

您应当按照法律、行政法规规定或者我们依照法律、行政法规的规定确定的期限,缴纳或者解缴税款。

未按照规定期限缴纳税款或者未按照规定期限解缴税款的,我们除责令限期缴纳外,从滞纳税款之日起,按日加收滞纳税款万分之五的滞纳金。

七、代扣、代收税款的义务

如您按照法律、行政法规规定负有代扣代缴、代收代缴税款义务,必须依照法律、行政法规的规定履行代扣、代收税款的义务。您依法履行代扣、代收税款义务时,纳税人不得拒绝。纳税人拒绝的,您应当及时报告我们处理。

八、接受依法检查的义务

您有接受我们依法进行税务检查的义务,应主动配合我们按法定程序进行的税务检查,如实地向我们反映自己的生产经营情况和执行财务制度的情况,并按有关规定提供报表和资料,不得隐瞒和弄虚作假,不能阻挠、刁难我们的检查和监督。

九、及时提供信息的义务

您除通过税务登记和纳税申报向我们提供与纳税有关的信息外,还应及时提供其他信息。如您有歇业、经营情况变化、遭受各种灾害等特殊情况的,应及时向我们说明,以便我们依法妥善处理。

十、报告其他涉税信息的义务

为了保障国家税收能够及时、足额征收入库,税收法律还规定了您有义务向我们报告如下涉税信息:

1. 您有义务就您与关联企业之间的业务往来,向当地税务机关提供有关的价格、费用标准等资料。

您有欠税情形而以财产设定抵押、质押的,应当向抵押权人、质权人说明您的欠税情况。

2. 企业合并、分立的报告义务。您有合并、分立情形的,应当向我们报告,并依法缴清税款。合并时未缴清税款的,应当由合并后的纳税人继续履行未履行的纳税义务;分立时未缴清税款的,分立后的纳税人对未履行的纳税义务应当承担连带责任。

3. 报告全部账号的义务。如您从事生产、经营,应当按照国家有关规定,持税务登记证件,在银行或者其他金融机构开立基本存款账户和其他存款账户,并自开立基本存款账户或者其他存款账户之日起15日内,向您的主管税务机关书面报告全部账号;发生变化的,应当自变化之日起15日内,向您的主管税务机关书面报告。

4.处分大额财产报告的义务。如您的欠缴税款数额在5万元以上,您在处分不动产或者大额资产之前,应当向我们报告。

特此公告。

四、纳税人识别号与纳税记录

国家税务总局关于自然人纳税人识别号有关事项的公告

(2018年12月17日国家税务总局公告2018年第59号公布 自2019年1月1日起施行)

根据新修改的《中华人民共和国个人所得税法》,为便利纳税人办理涉税业务,现就自然人纳税人识别号有关事项公告如下:

一、自然人纳税人识别号,是自然人纳税人办理各类涉税事项的唯一代码标识。

二、有中国公民身份号码的,以其中国公民身份号码作为纳税人识别号;没有中国公民身份号码的,由税务机关赋予其纳税人识别号。

三、纳税人首次办理涉税事项时,应当向税务机关或者扣缴义务人出示有效身份证件,并报送相关基础信息。

四、税务机关应当在赋予自然人纳税人识别号后告知或者通过扣缴义务人告知纳税人其纳税人识别号,并为自然人纳税人查询本人纳税人识别号提供便利。

五、自然人纳税人办理纳税申报、税款缴纳、申请退税、开具完税凭证、纳税查询等涉税事项时应当向税务机关或扣缴义务人提供纳税人识别号。

六、本公告所称"有效身份证件",是指:

(一)纳税人为中国公民且持有有效《中华人民共和国居民身份证》(以下简称"居民身份证")的,为居民身份证。

(二)纳税人为华侨且没有居民身份证的,为有效的《中华人民共和国护照》和华侨身份证明。

(三)纳税人为港澳居民的,为有效的《港澳居民来往内地通行证》或《中华人民共和国港澳居民居住证》。

(四)纳税人为台湾居民的,为有效的《台湾居民来往大陆通行证》或《中华人民共和国台湾居民居住证》。

(五)纳税人为持有有效《中华人民共和国外国人永久居留身份证》(以下简称永久居留证)的外籍个人的,为永久居留证和外国护照;未持有永久居留证但持有有效《中华人民共和国外国人工作许可证》(以下简称工作许可证)的,为工作许可证和外国护照;其他外籍个人,为有效的外国护照。

本公告自2019年1月1日起施行。

特此公告。

国家税务总局关于将个人所得税《税收完税证明》(文书式)调整为《纳税记录》有关事项的公告

(2018年12月5日国家税务总局公告 2018年第55号公布 自2019年1月1日起施行)

为配合个人所得税制度改革,进一步落实国务院减证便民要求,优化纳税服务,国家税务总局决定将个人所得税《税收完税证明》(文书式)调整为《纳税记录》。现将有关事项公告如下:

一、从2019年1月1日起,纳税人申请开具税款所属期为2019年1月1日(含)以后的个人所得税缴(退)税情况证明的,税务机关不再开具《税收完税证明》(文书式),调整为开具《纳税记录》(具体内容及式样见附件);纳税人申请开具税款所属期为2018年12月31日(含)以前个人所得税缴(退)税情况证明的,税务机关继续开具《税收完税证明》(文书式)。

二、纳税人2019年1月1日以后取得应税所得并由扣缴义务人向税务机关办理了全员全额扣缴申报,或根据税法规定自行向税务机关办理纳税申报的,不论是否实际缴纳税款,均可以申请开具《纳税记录》。

三、纳税人可以通过电子税务局、手机APP申请开具本人的个人所得税《纳税记录》,也可到办税服务厅申请开具。

四、纳税人可以委托他人持下列证件和资料到办税服务厅代为开具个人所得税《纳税记录》：

（一）委托人及受托人有效身份证件原件；

（二）委托人书面授权资料。

五、纳税人对个人所得税《纳税记录》存在异议的，可以向该项记录中列明的税务机关申请核实。

六、税务机关提供个人所得税《纳税记录》的验证服务，支持通过电子税务局、手机 APP 等方式进行验证。具体验证方法见个人所得税《纳税记录》中的相关说明。

七、本公告自 2019 年 1 月 1 日起施行。

特此公告。

附件：个人所得税纳税记录

个人所得税纳税记录

(xxxx) xxxx 记录 00000000

中华人民共和国
个人所得税纳税记录

（原《税收完税证明》）

查询验证码
xxxx-xxxx-xxxx-xxxx

记录期间：

纳税人名称：　　　　　　　　纳税人识别号：

身份证件类型：　　　　　　　身份证件号码：

金额单位:元

申报日期	实缴(退)金额	入(退)库日期	……	……	……

金额合计

说明：
1. 本记录涉及纳税人敏感信息，请妥善保存；
2. 您可通过以下方式对本记录进行验证：
    (1) 通过手机 App 扫描右上角二维码进行验证；
    (2) 通过自然人税收管理系统输入右上角查询验证码进行验证；
3. 不同打印设备造成的色差不影响使用效力。

本凭证不作纳税人记账、抵扣凭证

开具机关(盖章)：

开具时间：

五、纳 税 申 报

国家税务总局关于个人所得税自行纳税申报有关问题的公告

(2018年12月21日国家税务总局公告2018年第62号公布 自2019年1月1日起施行)

根据新修改的《中华人民共和国个人所得税法》及其实施条例,现就个人所得税自行纳税申报有关问题公告如下:

一、取得综合所得需要办理汇算清缴的纳税申报

取得综合所得且符合下列情形之一的纳税人,应当依法办理汇算清缴:

(一)从两处以上取得综合所得,且综合所得年收入额减除专项扣除后的余额超过6万元;

(二)取得劳务报酬所得、稿酬所得、特许权使用费所得中一项或者多项所得,且综合所得年收入额减除专项扣除的余额超过6万元;

(三)纳税年度内预缴税额低于应纳税额;

(四)纳税人申请退税。

需要办理汇算清缴的纳税人,应当在取得所得的次年3月1日至6月30日内,向任职、受雇单位所在地主管税务机关办理纳税申报，并报送《个人所得税年度自行纳税申报表》。纳税人有两处以上任职、受雇单位的，选择向其中一处任职、受雇单位所在地主管税务机关办理纳税申报；纳税人没有任职、受雇单位的，向户籍所在地或经常居住地主管税务机关办理纳税申报。

纳税人办理综合所得汇算清缴，应当准备与收入、专项扣除、专项附加扣除、依法确定的其他扣除、捐赠、享受税收优惠等相关的资料，并按规定留存备查或报送。

纳税人取得综合所得办理汇算清缴的具体办法，另行公告。

二、取得经营所得的纳税申报

个体工商户业主、个人独资企业投资者、合伙企业个人合伙人、承包承租经营者个人以及其他从事生产、经营活动的个人取得经营所得，包括以下情形：

（一）个体工商户从事生产、经营活动取得的所得，个人独资企业投资人、合伙企业的个人合伙人来源于境内注册的个人独资企业、合伙企业生产、经营的所得；

（二）个人依法从事办学、医疗、咨询以及其他有偿服务活动取得的所得；

（三）个人对企业、事业单位承包经营、承租经营以及转包、转租取得的所得；

（四）个人从事其他生产、经营活动取得的所得。

纳税人取得经营所得，按年计算个人所得税，由纳税人在月度或季度终了后15日内，向经营管理所在地主管税务机关办理预缴纳税申报，并报送《个人所得税经营所得纳税申报表（A表）》。在取得所得的次年3月31日前，向经营管理所在地主管税务机关办理汇算清缴，并报送《个人所得税经营所得纳税申报表（B表）》；从两处以上取得经营所得的，选择向其中一处经营管理所在地主管税务机关办理年度汇总申报，并报送《个人所得税经营所得纳税申报表（C表）》。

三、取得应税所得，扣缴义务人未扣缴税款的纳税申报

纳税人取得应税所得，扣缴义务人未扣缴税款的，应当区别以下情形办理纳税申报：

（一）居民个人取得综合所得的，按照本公告第一条办理。

（二）非居民个人取得工资、薪金所得，劳务报酬所得，稿酬所得，特许权使用费所得的，应当在取得所得的次年6月30日前，向扣缴义务人所在地主管税务机关办理纳税申报，并报送《个人所得税自行纳税申报表（A表）》。有两个以上扣缴义务人均未扣缴税款的，选择向其中一处扣缴义务人所在地主管税务机关办理纳税申报。

非居民个人在次年6月30日前离境（临时离境除外）的，应当在离境前办理纳税申报。

（三）纳税人取得利息、股息、红利所得，财产租赁所得，财产转让所得和偶然所得的，应当在取得所得的次年6月30日前，按相关规定向主管税务机关办理纳税申报，并报送《个人所得税自行纳税申报表（A表）》。

税务机关通知限期缴纳的，纳税人应当按照期限缴纳税款。

四、取得境外所得的纳税申报

居民个人从中国境外取得所得的，应当在取得所得的次年3月1日至6月30日内，向中国境内任职、受雇单位所在地主管税务机关办理纳税申报；在中国境内没有任职、受雇单位的，向户籍所在地或中国境内经常居住地主管税务机关办理纳税申报；户籍所在地与中国境内经常居住地不一致的，选择其中一地主管税务机关办理纳税申报；在中国境内没有户籍的，向中国境内经常居住地主管税务机关办理纳税申报。

纳税人取得境外所得办理纳税申报的具体规定，另行公告。

五、因移居境外注销中国户籍的纳税申报

纳税人因移居境外注销中国户籍的，应当在申请注销中国户籍前,向户籍所在地主管税务机关办理纳税申报,进行税款清算。

(一)纳税人在注销户籍年度取得综合所得的,应当在注销户籍前,办理当年综合所得的汇算清缴,并报送《个人所得税年度自行纳税申报表》。尚未办理上一年度综合所得汇算清缴的,应当在办理注销户籍纳税申报时一并办理。

(二)纳税人在注销户籍年度取得经营所得的,应当在注销户籍前,办理当年经营所得的汇算清缴,并报送《个人所得税经营所得纳税申报表(B表)》。从两处以上取得经营所得的,还应当一并报送《个人所得税经营所得纳税申报表(C表)》。尚未办理上一年度经营所得汇算清缴的,应当在办理注销户籍纳税申报时一并办理。

(三)纳税人在注销户籍当年取得利息、股息、红利所得,财产租赁所得,财产转让所得和偶然所得的,应当在注销户籍前,申报当年上述所得的完税情况,并报送《个人所得税自行纳税申报表(A表)》。

(四)纳税人有未缴或者少缴税款的,应当在注销户籍前,结清欠缴或未缴的税款。纳税人存在分期缴税且未缴纳完毕的,应当在注销户籍前,结清尚未缴纳的税款。

(五)纳税人办理注销户籍纳税申报时,需要办理专项附加扣除、依法确定的其他扣除的,应当向税务机关报送《个人所得税专项附加扣除信息表》《商业健康保险税前扣除情况明细表》《个人税收递延型商业养老保险税前扣除情况明细表》等。

六、非居民个人在中国境内从两处以上取得工资、薪金所得的纳税申报

非居民个人在中国境内从两处以上取得工资、薪金所得的,应当在取得所得的次月15日内,向其中一处任职、受雇单位所在地主管税务机关办理纳税申报,并报送《个人所得税自行纳税申报表(A表)》。

七、纳税申报方式

纳税人可以采用远程办税端、邮寄等方式申报，也可以直接到主管税务机关申报。

八、其他有关问题

（一）纳税人办理自行纳税申报时，应当一并报送税务机关要求报送的其他有关资料。首次申报或者个人基础信息发生变化的，还应报送《个人所得税基础信息表（B表）》。

本公告涉及的有关表证单书，由国家税务总局统一制定式样，另行公告。

（二）纳税人在办理纳税申报时需要享受税收协定待遇的，按照享受税收协定待遇有关办法办理。

九、施行时间

本公告自2019年1月1日起施行。

特此公告。

国家税务总局
关于修订个人所得税申报表的公告

（2019年1月31日国家税务总局公告
2019年第7号公布　自2019年1月1日起施行）

根据《中华人民共和国个人所得税法》及其实施条例等相关税收法律法规规定，为保障综合与分类相结合的个人所得税制顺利实施,现将修订后的个人所得税有关申报表予以发布,自 2019 年 1 月 1 日起施行。

《国家税务总局关于发布个人所得税申报表的公告》(国家税务总局公告 2013 年第 21 号)附件 1 至附件 5、《国家税务总局关于发布生产经营所得及减免税事项有关个人所得税申报表的公告》(国家税务总局公告 2015 年第 28 号)附件 1 至附件 3、《国家税务总局关于全面实施新个人所得税法若干征管衔接问题的公告》(国家税务总局公告 2018 年第 56 号)附件 1 同时废止。

特此公告。

附件:1. 个人所得税基础信息表(A 表)(B 表)

2. 个人所得税扣缴申报表(已废止,此处略)

3. 个人所得税自行纳税申报表(A 表)

4. 个人所得税年度自行纳税申报表(已废止,此处略)

5. 个人所得税经营所得纳税申报表(A 表)(B 表)(C 表)(A 表已废止,此处略)

6. 合伙制创业投资企业单一投资基金核算方式备案表

7. 单一投资基金核算的合伙制创业投资企业个人所得税扣缴申报表

1. 个人所得税基础信息表（A表）

（适用于扣缴义务人填报）

扣缴义务人名称：
扣缴义务人纳税人识别号（统一社会信用代码）：□□□□□□□□□□□□□□□□□□

序号	纳税人基本信息（带*必填）						任职受雇从业信息				联系方式				银行账户		投资信息		其他信息		华侨、港澳台、外籍个人信息（带*必填）				备注
	纳税人识别号	*纳税人姓名	*身份证件类型	*身份证件号码	*出生日期	*国籍/地区	类型	职务	学历	任职受雇从业日期	离职日期	手机号码	户籍所在地	经常居住地	联系地址	电子邮箱	开户银行	银行账号	投资额（元）	投资比例	是否残疾/孤老/烈属	残疾/烈属证号	*出生地	*性别	*首次入境时间	*预计离境时间	*涉税事由	
	2	3	4	5	6	7	8	9	10	11	12	13	14	15	16	17	18	19	20	21	22	23	24	25	26	27	28	29
1																												

续表

谨声明：本表是根据国家税收法律法规及相关规定填报的，是真实的、可靠的、完整的。	扣缴义务人（签章）： 年 月 日
经办人签字： 经办人身份证件号码： 代理机构签章： 代理机构统一社会信用代码：	受理人： 受理税务机关（章）： 受理日期： 年 月 日

国家税务总局监制

《个人所得税基础信息表(A 表)》填表说明

一、适用范围

本表由扣缴义务人填报。适用于扣缴义务人办理全员全额扣缴申报时,填报其支付所得的纳税人的基础信息。

二、报送期限

扣缴义务人首次向纳税人支付所得,或者纳税人相关基础信息发生变化的,应当填写本表,并于次月扣缴申报时向税务机关报送。

三、本表各栏填写

本表带"＊"项目分为必填和条件必填,其余项目为选填。

(一)表头项目

1. 扣缴义务人名称:填写扣缴义务人的法定名称全称。

2. 扣缴义务人纳税人识别号(统一社会信用代码):填写扣缴义务人的纳税人识别号或者统一社会信用代码。

(二)表内各栏

1. 第 2~8 列"纳税人基本信息":填写纳税人姓名、证件等基本信息。

(1)第 2 列"纳税人识别号":有中国公民身份号码的,填写中华人民共和国居民身份证上载明的"公民身份号码";没有中国公民身份号码的,填写税务机关赋予的纳税人识别号。

(2)第 3 列"纳税人姓名":填写纳税人姓名。外籍个人英文姓名按照"先姓(surname)后名(given name)"的顺序填写,确实无法区分姓和名的,按照证件上的姓名顺序填写。

(3)第 4 列"身份证件类型":根据纳税人实际情况填写。

①有中国公民身份号码的,应当填写《中华人民共和国居民身份证》(简称"居民身份证")。

②华侨应当填写《中华人民共和国护照》(简称"中国护照")。

③港澳居民可选择填写《港澳居民来往内地通行证》(简称"港澳居民通行证")或者《中华人民共和国港澳居民居住证》(简称"港澳居民居住证");台湾居民可选择填写《台湾居民来往大陆通行证》(简称"台湾居民通行证")或者《中华人民共和国台湾居民居住证》(简称"台湾居民居住证")。

④外籍人员可选择填写《中华人民共和国外国人永久居留身份证》(简称"外国人永久居留证")、《中华人民共和国外国人工作许可证》(简称"外国人工作许可证")或者"外国护照"。

⑤其他符合规定的情形填写"其他证件"。

身份证件类型选择"港澳居民居住证"的,应当同时填写"港澳居民通行证";身份证件类型选择"台湾居民居住证"的,应当同时填写"台湾居民通行证";身份证件类型选择"外国人永久居留证"或者"外国人工作许可证"的,应当同时填写"外国护照"。

(4)第5~6列"身份证件号码""出生日期":根据纳税人身份证件上的信息填写。

(5)第7列"国籍/地区":填写纳税人所属的国籍或者地区。

2. 第8~12列"任职受雇从业信息":填写纳税人与扣缴义务人之间的任职受雇从业信息。

(1)第8列"类型":根据实际情况填写"雇员""保险营销员""证券经纪人"或者"其他"。

(2)第9~12列"职务""学历""任职受雇从业日期""离职日期":其中,当第9列"类型"选择"雇员""保险营销员"或者"证券经纪人"时,填写纳税人与扣缴义务人建立或者解除相应劳动或者劳务关系的日期。

3. 第13~17列"联系方式":

(1)第13列"手机号码":填写纳税人境内有效手机号码。

(2)第14~16列"户籍所在地""经常居住地""联系地址":填写纳税人境内有效户籍所在地、经常居住地或者联系地址,按以下格式填写(具体到门牌号):_____省(区、市)_____市_____区(县)_____街道(乡、镇)_____。

(3)第17列"电子邮箱":填写有效的电子邮箱。

4.第18~19列"银行账户":填写个人境内有效银行账户信息,开户银行填写到银行总行。

5.第20~21列"投资信息":纳税人为扣缴单位的股东、投资者的,填写本栏。

6.第22~23列"其他信息":如纳税人有"残疾、孤老、烈属"情况的,填写本栏。

7.第24~28列"华侨、港澳台、外籍个人信息":纳税人为华侨、港澳台居民、外籍个人的填写本栏。

(1)第24列"出生地":填写华侨、港澳台居民、外籍个人的出生地,具体到国家或者地区。

(2)第26~27列"首次入境时间""预计离境时间":填写华侨、港澳台居民、外籍个人首次入境和预计离境的时间,具体到年月日。预计离境时间发生变化的,应及时进行变更。

(3)第28列"涉税事由":填写华侨、港澳台居民、外籍个人在境内涉税的具体事由,包括"任职受雇""提供临时劳务""转让财产""从事投资和经营活动""其他"。如有多项事由的,应同时填写。

四、其他事项说明

以纸质方式报送本表的,应当一式两份,扣缴义务人、税务机关各留存一份。

个人所得税基础信息表（B表）

（适用于自然人填报）

纳税人识别号：☐☐☐☐☐☐☐☐☐☐☐☐☐☐☐☐☐☐

<table>
<tr><td colspan="2" rowspan="2">基本信息</td><td colspan="4">基本信息（带 * 必填）</td></tr>
<tr><td>*纳税人姓名</td><td>中文名</td><td colspan="2">英文名</td></tr>
<tr><td rowspan="4">基本信息</td><td rowspan="2">*身份证件</td><td>证件类型一</td><td></td><td colspan="2">证件号码</td></tr>
<tr><td>证件类型二</td><td></td><td colspan="2">证件号码</td></tr>
<tr><td>*国籍/地区</td><td colspan="3">*出生日期 _____年___月___日</td></tr>
<tr><td>户籍所在地</td><td colspan="3">省（区、市）_____市_____区（县）_____街道（乡、镇）_____</td></tr>
<tr><td rowspan="2">联系方式</td><td>经常居住地</td><td colspan="3">省（区、市）_____市_____区（县）_____街道（乡、镇）_____</td></tr>
<tr><td>联系地址</td><td colspan="3">省（区、市）_____市_____区（县）_____街道（乡、镇）_____</td></tr>
<tr><td rowspan="4">其他信息</td><td>*手机号码</td><td></td><td colspan="2">电子邮箱</td></tr>
<tr><td>开户银行</td><td></td><td colspan="2">银行账号</td></tr>
<tr><td>学历</td><td colspan="3">☐研究生　☐大学本科　☐大学本科以下</td></tr>
<tr><td>特殊情形</td><td colspan="3">☐残疾　残疾证号_____　☐烈属　烈属证号_____　☐孤老</td></tr>
</table>

续表

任职受雇、从业信息						
任职受雇从业单位一	名称		国家/地区			
	纳税人识别号（统一社会信用代码）		任职受雇从业日期	年 月	离职日期	年 月
	类型	□雇员 □保险营销员 □证券经纪人 □其他	职务		□高层 □其他	
任职受雇从业单位二	名称		国家/地区			
	纳税人识别号（统一社会信用代码）		任职受雇从业日期	年 月	离职日期	年 月
	类型	□雇员 □保险营销员 □证券经纪人 □其他	职务		□高层 □其他	
该栏仅由投资者纳税人填写						
被投资单位一	名称		国家/地区			
	纳税人识别号（统一社会信用代码）		投资额（元）		投资比例	
被投资单位二	名称		国家/地区			
	纳税人识别号（统一社会信用代码）		投资额（元）		投资比例	

续表

该栏仅由华侨、港澳台、外籍个人填写（带*必填）		
*出生地	*首次入境时间	年 月 日
*性别	预计离境时间	年 月 日
*涉税事由	□任职受雇 □提供临时劳务 □转让财产 □从事投资和经营活动 □其他	

谨声明：本表是根据国家税收法律法规及相关规定填报的，是真实的、可靠的、完整的。

纳税人（签字）：　　　　　　　　　　年 月 日

受理人：	
受理税务机关（章）：	
受理日期：	年 月 日

经办人签字：
经办人身份证件号码：
代理机构签章：
代理机构统一社会信用代码：

国家税务总局监制

《个人所得税基础信息表(B表)》填表说明

一、适用范围

本表适用于自然人纳税人基础信息的填报。

二、报送期限

自然人纳税人初次向税务机关办理相关涉税事宜时填报本表;初次申报后,以后仅需在信息发生变化时填报。

三、本表各栏填写

本表带"＊"的项目为必填或者条件必填,其余项目为选填。

(一)表头项目

纳税人识别号:有中国公民身份号码的,填写中华人民共和国居民身份证上载明的"公民身份号码";没有中国公民身份号码的,填写税务机关赋予的纳税人识别号。

(二)表内各栏

1.基本信息:

(1)纳税人姓名:填写纳税人姓名。外籍个人英文姓名按照"先姓(surname)后名(given name)"的顺序填写,确实无法区分姓和名的,按照证件上的姓名顺序填写。

(2)身份证件:填写纳税人有效的身份证件类型及号码。

"证件类型一"按以下原则填写:

①有中国公民身份号码的,应当填写《中华人民共和国居民身份证》(简称"居民身份证")。

②华侨应当填写《中华人民共和国护照》(简称"中国护照")。

③港澳居民可选择填写《港澳居民来往内地通行证》(简称"港澳居民通行证")或者《中华人民共和国港澳居民居住证》(简称"港澳居民居住证");台湾居民可选择填写《台湾居民来往大陆通行证》(简称"台湾居民通行证")或者《中华人民共和国台湾居

民居住证》(简称"台湾居民居住证")。

④外籍个人可选择填写《中华人民共和国外国人永久居留身份证》(简称"外国人永久居留证")、《中华人民共和国外国人工作许可证》(简称"外国人工作许可证")或者"外国护照"。

⑤其他符合规定的情形填写"其他证件"。

"证件类型二"按以下原则填写:证件类型一选择"港澳居民居住证"的,证件类型二应当填写"港澳居民通行证";证件类型一选择"台湾居民居住证"的,证件类型二应当填写"台湾居民通行证";证件类型一选择"外国人永久居留证"或者"外国人工作许可证"的,证件类型二应当填写"外国护照"。证件类型一已选择"居民身份证""中国护照""港澳居民通行证""台湾居民通行证"或"外国护照",证件类型二可不填。

(3)国籍/地区:填写纳税人所属的国籍或地区。

(4)出生日期:根据纳税人身份证件上的信息填写。

(5)户籍所在地、经常居住地、联系地址:填写境内地址信息,至少填写一项。有居民身份证的,"户籍所在地""经常居住地"必须填写其中之一。

(6)手机号码、电子邮箱:填写境内有效手机号码,港澳台、外籍个人可以选择境内有效手机号码或电子邮箱中的一项填写。

(7)开户银行、银行账号:填写有效的个人银行账户信息,开户银行填写到银行总行。

(8)特殊情形:纳税人为残疾、烈属、孤老的,填写本栏。残疾、烈属人员还需填写残疾/烈属证件号码。

2. 任职、受雇、从业信息:填写纳税人任职受雇从业的有关信息。其中,中国境内无住所个人有境外派遣单位的,应在本栏除填写境内任职受雇从业单位、境内受聘签约单位情况外,还应一并填写境外派遣单位相关信息。填写境外派遣单位时,其纳税人识别号(社会统一信用代码)可不填。

3. 投资者纳税人填写栏:由自然人股东、投资者填写。没有,则不填。

(1)名称:填写被投资单位名称全称。

(2)纳税人识别号(统一社会信用代码):填写被投资单位纳税人识别号或者统一社会信用代码。

(3)投资额:填写自然人股东、投资者在被投资单位投资的投资额(股本)。

(4)投资比例:填写自然人股东、投资者的投资额占被投资单位投资(股本)的比例。

4. 华侨、港澳台、外籍个人信息:华侨、港澳台居民、外籍个人填写本栏。

(1)出生地:填写华侨、港澳台居民、外籍个人的出生地,具体到国家或者地区。

(2)首次入境时间、预计离境时间:填写华侨、港澳台居民、外籍个人首次入境和预计离境的时间,具体到年月日。预计离境时间发生变化的,应及时进行变更。

(3)涉税事由:填写华侨、港澳台居民、外籍个人在境内涉税的具体事由,在相应事由处划"√"。如有多项事由的,同时勾选。

四、其他事项说明

以纸质方式报送本表的,应当一式两份,纳税人、税务机关各留存一份。

3.个人所得税自行纳税申报表（A表）

税款所属期：　　　年　　月　　日至　　　年　　月　　日

纳税人姓名：

纳税人识别号：☐☐☐☐☐☐☐☐☐☐☐☐☐☐☐☐☐☐

金额单位：人民币元（列至角分）

自行申报情形	☐居民个人取得应税所得，扣缴义务人未扣缴税款 ☐非居民个人取得应税所得，扣缴义务人未扣缴税款 ☐非居民个人在中国境内从两处以上取得工资、薪金所得 ☐其他_____	是否为非居民个人	☐是 ☐否	非居民个人本年度境内居住天数	☐不超过90天 ☐超过90天不超过183天

序号	所得项目	收入额计算			减除费用	专项扣除				其他扣除			减按计税比例	准予扣除的捐赠额	应纳税所得额	税款计算						备注
		收入	费用	免税收入		基本养老保险费	基本医疗保险费	失业保险费	住房公积金	财产原值	允许扣除的税费	其他				税率	速算扣除数	应纳税额	减免税额	已缴税额	应补/退税额	
1	2	3	4	5	6	7	8	9	10	11	12	13	14	15	16	17	18	19	20	21	22	23

续表

谨声明:本表是根据国家税收法律法规及相关规定填报的,是真实的、可靠的、完整的。	
纳税人签字: 年 月 日	
经办人签字: 经办人身份证件号码: 代理机构签章 代理机构统一社会信用代码:	受理人: 受理税务机关(章): 受理日期: 年 月 日

国家税务总局监制

《个人所得税自行纳税申报表（A 表）》填表说明

一、适用范围

本表适用于居民个人取得应税所得，扣缴义务人未扣缴税款，非居民个人取得应税所得扣缴义务人未扣缴税款，非居民个人在中国境内从两处以上取得工资、薪金所得等情形在办理自行纳税申报时，向税务机关报送。

二、报送期限

（一）居民个人取得应税所得扣缴义务人未扣缴税款，应当在取得所得的次年 6 月 30 日前办理纳税申报。税务机关通知限期缴纳的，纳税人应当按照期限缴纳税款。

（二）非居民个人取得应税所得，扣缴义务人未扣缴税款的，应当在取得所得的次年 6 月 30 日前办理纳税申报。非居民个人在次年 6 月 30 日前离境（临时离境除外）的，应当在离境前办理纳税申报。

（三）非居民个人在中国境内从两处以上取得工资、薪金所得的，应当在取得所得的次月 15 日内办理纳税申报。

（四）其他需要纳税人办理自行申报的情形，按规定的申报期限办理。

三、本表各栏填写

（一）表头项目

1. 税款所属期：填写纳税人取得所得应纳个人所得税款的所属期间，填写具体的起止年月日。

2. 纳税人姓名：填写自然人纳税人姓名。

3. 纳税人识别号：有中国公民身份号码的，填写中华人民共和国居民身份证上载明的"公民身份号码"；没有中国公民身份号码的，填写税务机关赋予的纳税人识别号。

（二）表内各栏

1."自行申报情形"：纳税人根据自身情况在对应框内打"√"。选择"其他"的，应当填写具体自行申报情形。

2."是否为非居民个人"：非居民个人选"是"，居民个人选"否"。不填默认为"否"。

3."非居民个人本年度境内居住天数"：非居民个人根据合同、任职期限、预期工作时间等不同情况，填写"不超过90天"或者"超过90天不超过183天"。

4.第2列"所得项目"：按照个人所得税法第二条规定的项目填写。纳税人取得多项所得或者多次取得所得的，分行填写。

5.第3~5列"收入额计算"：包含"收入""费用""免税收入"。收入额＝第3列－第4列－第5列。

（1）第3列"收入"：填写纳税人实际取得所得的收入总额。

（2）第4列"费用"：取得劳务报酬所得、稿酬所得、特许权使用费所得时填写，取得其他各项所得时无须填写本列。非居民个人取得劳务报酬所得、稿酬所得、特许权使用费所得，费用按收入的20%填写。

（3）第5列"免税收入"：填写符合税法规定的免税收入金额。其中，税法规定"稿酬所得的收入额减按70%计算"，对减计的30%部分，填入本列。

6.第6列"减除费用"：按税法规定的减除费用标准填写。

7.第7~10列"专项扣除"：分别填写按规定允许扣除的基本养老保险费、基本医疗保险费、失业保险费、住房公积金的金额。

8.第11~13列"其他扣除"：包含"财产原值""允许扣除的税费""其他"，分别填写按照税法规定当月（次）允许扣除的金额。

（1）第11列"财产原值"：纳税人取得财产转让所得时填写本栏。

（2）第12列"允许扣除的税费"：填写按规定可以在税前扣除

的税费。

①纳税人取得劳务报酬所得时,填写劳务发生过程中实际缴纳的可依法扣除的税费。

②纳税人取得特许权使用费所得时,填写提供特许权过程中发生的中介费和实际缴纳的可依法扣除的税费。

③纳税人取得财产租赁所得时,填写修缮费和出租财产过程中实际缴纳的可依法扣除的税费。

④纳税人取得财产转让所得时,填写转让财产过程中实际缴纳的可依法扣除的税费。

(3)第13列"其他":填写按规定其他可以在税前扣除的项目。

9. 第14列"减按计税比例":填写按规定实行应纳税所得额减计税收优惠的减计比例。无减计规定的,则不填,系统默认为100%。如,某项税收政策实行减按60%计入应纳税所得额,则本列填60%。

10. 第15列"准予扣除的捐赠额":是指按照税法及相关法规、政策规定,可以在税前扣除的捐赠额。

11. 第16列"应纳税所得额":根据相关列次计算填报。

12. 第17~18列"税率""速算扣除数":填写所得项目按规定适用的税率和速算扣除数。所得项目没有速算扣除数的,则不填。

13. 第19列"应纳税额":根据相关列次计算填报。第19列=第16列×第17列-第18列。

14. 第20列"减免税额":填写符合税法规定的可以减免的税额,并附报《个人所得税减免税事项报告表》。

15. 第21列"已缴税额":填写纳税人当期已实际缴纳或者被扣缴的个人所得税税款。

16. 第22列"应补/退税额":根据相关列次计算填报。第22列=第19列-第20列-第21列。

四、其他事项说明

以纸质方式报送本表的,应当一式两份,纳税人、税务机关各留存一份。

5. 个人所得税经营所得纳税申报表(B 表)

税款所属期:　　　年　月　日至　　　年　月　日

纳税人姓名:

纳税人识别号:□□□□□□□□□□□□□□□□□□

金额单位:人民币元(列至角分)

被投资单位信息	名称		纳税人识别号 (统一社会信用代码)		
项目				行次	金额/比例
一、收入总额				1	
其中:国债利息收入				2	
二、成本费用(3＝4＋5＋6＋7＋8＋9＋10)				3	
(一)营业成本				4	
(二)营业费用				5	
(三)管理费用				6	
(四)财务费用				7	
(五)税金				8	
(六)损失				9	
(七)其他支出				10	
三、利润总额(11＝1－2－3)				11	
四、纳税调整增加额(12＝13＋27)				12	
(一)超过规定标准的扣除项目金额(13＝14＋15＋16＋17＋18＋19＋20＋21＋22＋23＋24＋25＋26)				13	
1. 职工福利费				14	
2. 职工教育经费				15	
3. 工会经费				16	

续表

项目	行次	金额/比例
4. 利息支出	17	
5. 业务招待费	18	
6. 广告费和业务宣传费	19	
7. 教育和公益事业捐赠	20	
8. 住房公积金	21	
9. 社会保险费	22	
10. 折旧费用	23	
11. 无形资产摊销	24	
12. 资产损失	25	
13. 其他	26	
(二)不允许扣除的项目金额(27 = 28 + 29 + 30 + 31 + 32 + 33 + 34 + 35 + 36)	27	
1. 个人所得税税款	28	
2. 税收滞纳金	29	
3. 罚金、罚款和被没收财物的损失	30	
4. 不符合扣除规定的捐赠支出	31	
5. 赞助支出	32	
6. 用于个人和家庭的支出	33	
7. 与取得生产经营收入无关的其他支出	34	
8. 投资者工资薪金支出	35	
9. 其他不允许扣除的支出	36	
五、纳税调整减少额	37	
六、纳税调整后所得(38 = 11 + 12 - 37)	38	
七、弥补以前年度亏损	39	
八、合伙企业个人合伙人分配比例(%)	40	
九、允许扣除的个人费用及其他扣除(41 = 42 + 43 + 48 + 55)	41	

续表

项目	行次	金额/比例
(一)投资者减除费用	42	
(二)专项扣除(43 = 44 + 45 + 46 + 47)	43	
1. 基本养老保险费	44	
2. 基本医疗保险费	45	
3. 失业保险费	46	
4. 住房公积金	47	
(三)专项附加扣除(48 = 49 + 50 + 51 + 52 + 53 + 54)	48	
1. 子女教育	49	
2. 继续教育	50	
3. 大病医疗	51	
4. 住房贷款利息	52	
5. 住房租金	53	
6. 赡养老人	54	
(四)依法确定的其他扣除(55 = 56 + 57 + 58 + 59)	55	
1. 商业健康保险	56	
2. 税延养老保险	57	
3.	58	
4.	59	
十、投资抵扣	60	
十一、准予扣除的个人捐赠支出	61	
十二、应纳税所得额(62 = 38 - 39 - 41 - 60 - 61)或[62 = (38 - 39)×40 - 41 - 60 - 61]	62	
十三、税率(%)	63	
十四、速算扣除数	64	
十五、应纳税额(65 = 62×63 - 64)	65	
十六、减免税额(附报《个人所得税减免税事项报告表》)	66	

续表

项目	行次	金额/比例
十七、已缴税额	67	
十八、应补/退税额(68＝65－66－67)	68	

谨声明:本表是根据国家税收法律法规及相关规定填报的,是真实的、可靠的、完整的。

纳税人签字: 　　年　月　日

经办人:
经办人身份证件号码:
代理机构签章:
代理机构统一社会信用代码:

受理人:
受理税务机关(章):
受理日期: 　　年　月　日

国家税务总局监制

《个人所得税经营所得纳税申报表(B表)》填表说明

一、适用范围

本表适用于个体工商户业主、个人独资企业投资人、合伙企业个人合伙人、承包承租经营者个人以及其他从事生产、经营活动的个人在中国境内取得经营所得,且实行查账征收的,在办理个人所得税汇算清缴纳税申报时,向税务机关报送。

合伙企业有两个或者两个以上个人合伙人的,应分别填报本表。

二、报送期限

纳税人在取得经营所得的次年3月31日前,向税务机关办理汇算清缴。

三、本表各栏填写

(一)表头项目

1. 税款所属期:填写纳税人取得经营所得应纳个人所得税款的所属期间,应填写具体的起止年月日。

2. 纳税人姓名:填写自然人纳税人姓名。

3. 纳税人识别号:有中国公民身份号码的,填写中华人民共和国居民身份证上载明的"公民身份号码";没有中国公民身份号码的,填写税务机关赋予的纳税人识别号。

(二)被投资单位信息

1. 名称:填写被投资单位法定名称的全称。

2. 纳税人识别号(统一社会信用代码):填写被投资单位的纳税人识别号或统一社会信用代码。

(三)表内各行填写

1. 第1行"收入总额":填写本年度从事生产经营以及与生产经营有关的活动取得的货币形式和非货币形式的各项收入总金额。包括:销售货物收入、提供劳务收入、转让财产收入、利息收入、租金收入、接受捐赠收入、其他收入。

2. 第2行"国债利息收入":填写本年度已计入收入的因购买国债而取得的应予免税的利息金额。

3. 第3~10行"成本费用":填写本年度实际发生的成本、费用、税金、损失及其他支出的总额。

(1)第4行"营业成本":填写在生产经营活动中发生的销售成本、销货成本、业务支出以及其他耗费的金额。

(2)第5行"营业费用":填写在销售商品和材料、提供劳务的过程中发生的各种费用。

(3)第6行"管理费用":填写为组织和管理企业生产经营发生的管理费用。

(4)第7行"财务费用":填写为筹集生产经营所需资金等发生的筹资费用。

(5)第8行"税金":填写在生产经营活动中发生的除个人所得税和允许抵扣的增值税以外的各项税金及其附加。

(6)第9行"损失":填写生产经营活动中发生的固定资产和存货的盘亏、毁损、报废损失,转让财产损失,坏账损失,自然灾害等不可抗力因素造成的损失以及其他损失。

（7）第 10 行"其他支出"：填写除成本、费用、税金、损失外，生产经营活动中发生的与之有关的、合理的支出。

4. 第 11 行"利润总额"：根据相关行次计算填报。第 11 行 = 第 1 行 – 第 2 行 – 第 3 行。

5. 第 12 行"纳税调整增加额"：根据相关行次计算填报。第 12 行 = 第13 行 + 第 27 行。

6. 第 13 行"超过规定标准的扣除项目金额"：填写扣除的成本、费用和损失中，超过税法规定的扣除标准应予调增的应纳税所得额。

7. 第 27 行"不允许扣除的项目金额"：填写按规定不允许扣除但被投资单位已将其扣除的各项成本、费用和损失，应予调增应纳税所得额的部分。

8. 第 37 行"纳税调整减少额"：填写在计算利润总额时已计入收入或未列入成本费用，但在计算应纳税所得额时应予扣除的项目金额。

9. 第 38 行"纳税调整后所得"：根据相关行次计算填报。第 38 行 = 第 11 行 + 第 12 行 – 第 37 行。

10. 第 39 行"弥补以前年度亏损"：填写本年度可在税前弥补的以前年度亏损额。

11. 第 40 行"合伙企业个人合伙人分配比例"：纳税人为合伙企业个人合伙人的，填写本栏；其他则不填。分配比例按照合伙协议约定的比例填写；合伙协议未约定或不明确的，按合伙人协商决定的比例填写；协商不成的，按合伙人实缴出资比例填写；无法确定出资比例的，按合伙人平均分配。

12. 第 41 行"允许扣除的个人费用及其他扣除"：填写按税法规定可以税前扣除的各项费用、支出，包括：

（1）第 42 行"投资者减除费用"：填写按税法规定的减除费用金额。

(2) 第 43 ~ 47 行"专项扣除":分别填写本年度按规定允许扣除的基本养老保险费、基本医疗保险费、失业保险费、住房公积金的合计金额。

(3) 第 48 ~ 54 行"专项附加扣除":分别填写本年度纳税人按规定可享受的子女教育、继续教育、大病医疗、住房贷款利息、住房租金、赡养老人等专项附加扣除的合计金额。

(4) 第 55 ~ 59 行"依法确定的其他扣除":分别填写按规定允许扣除的商业健康保险、税延养老保险,以及国务院规定其他可以扣除项目的合计金额。

13. 第 60 行"投资抵扣":填写按照税法规定可以税前抵扣的投资金额。

14. 第 61 行"准予扣除的个人捐赠支出":填写本年度按照税法及相关法规、政策规定,可以在税前扣除的个人捐赠合计额。

15. 第 62 行"应纳税所得额":根据相关行次计算填报。

(1) 纳税人为非合伙企业个人合伙人的:第 62 行 = 第 38 行 – 第 39 行 – 第 41 行 – 第 60 行 – 第 61 行。

(2) 纳税人为合伙企业个人合伙人的:第 62 行 =(第 38 行 – 第 39 行)× 第 40 行 – 第 41 行 – 第 60 行 – 第 61 行。

16. 第 63 ~ 64 行"税率""速算扣除数":填写按规定适用的税率和速算扣除数。

17. 第 65 行"应纳税额":根据相关行次计算填报。第 65 行 = 第 62 行 × 第 63 行 – 第 64 行。

18. 第 66 行"减免税额":填写符合税法规定可以减免的税额,并附报《个人所得税减免税事项报告表》。

19. 第 67 行"已缴税额":填写本年度累计已预缴的经营所得个人所得税金额。

20. 第 68 行"应补/退税额":根据相关行次计算填报。第 68 行 = 第 65 行 – 第 66 行 – 第 67 行。

四、其他事项说明

以纸质方式报送本表的,应当一式两份,纳税人、税务机关各留存一份。

个人所得税经营所得纳税申报表(C表)

税款所属期:　　　年　月　日至　　　年　月　日

纳税人姓名：

纳税人识别号：□□□□□□□□□□□□□□□□□□

金额单位:人民币元(列至角分)

被投资单位信息	单位名称		纳税人识别号(统一社会信用代码)	投资者应纳税所得额
	汇总地			
	非汇总地	1		
		2		
		3		
		4		
		5		
项目			行次	金额/比例
一、投资者应纳税所得额合计			1	
二、应调整的个人费用及其他扣除(2=3+4+5+6)			2	
(一)投资者减除费用			3	
(二)专项扣除			4	
(三)专项附加扣除			5	
(四)依法确定的其他扣除			6	
三、应调整的其他项目			7	
四、调整后应纳税所得额(8=1+2+7)			8	
五、税率(%)			9	
六、速算扣除数			10	
七、应纳税额(11=8×9-10)			11	

续表

项目	行次	金额/比例
八、减免税额(附报《个人所得税减免税事项报告表》)	12	
九、已缴税额	13	
十、应补/退税额(14＝11－12－13)	14	

谨声明:本表是根据国家税收法律法规及相关规定填报的,是真实的、可靠的、完整的。

纳税人签字： 　　　年　　月　　日

经办人：
经办人身份证件号码：
代理机构签章：
代理机构统一社会信用代码：

受理人：
受理税务机关(章)：
受理日期： 　　年　　月　　日

国家税务总局监制

《个人所得税经营所得纳税申报表(C表)》填表说明

一、适用范围

本表适用于个体工商户业主、个人独资企业投资人、合伙企业个人合伙人、承包承租经营者个人以及其他从事生产、经营活动的个人在中国境内两处以上取得经营所得,办理合并计算个人所得税的年度汇总纳税申报时,向税务机关报送。

二、报送期限

纳税人从两处以上取得经营所得,应当于取得所得的次年3月31日前办理年度汇总纳税申报。

三、本表各栏填写

(一)表头项目

1.税款所属期:填写纳税人取得经营所得应纳个人所得税款的所属期间,应填写具体的起止年月日。

2.纳税人姓名:填写自然人纳税人姓名。

3.纳税人识别号:有中国公民身份号码的,填写中华人民共和国居民身份证上载明的"公民身份号码";没有中国公民身份号码的,填写税务机关赋予的纳税人识别号。

(二)被投资单位信息

1. 名称:填写被投资单位法定名称的全称。

2. 纳税人识别号(统一社会信用代码):填写被投资单位的纳税人识别号或者统一社会信用代码。

3. 投资者应纳税所得额:填写投资者从其各投资单位取得的年度应纳税所得额。

(三)表内各行填写

1. 第1行"投资者应纳税所得额合计":填写投资者从其各投资单位取得的年度应纳税所得额的合计金额。

2. 第2~6行"应调整的个人费用及其他扣除":填写按规定需调整增加或者减少应纳税所得额的项目金额。调整减少应纳税所得额的,用负数表示。

(1)第3行"投资者减除费用":填写需调整增加或者减少应纳税所得额的投资者减除费用的金额。

(2)第4行"专项扣除":填写需调整增加或者减少应纳税所得额的"三险一金"(基本养老保险费、基本医疗保险费、失业保险费、住房公积金)的合计金额。

(3)第5行"专项附加扣除":填写需调整增加或者减少应纳税所得额的专项附加扣除(子女教育、继续教育、大病医疗、住房贷款利息、住房租金、赡养老人)的合计金额。

(4)第6行"依法确定的其他扣除":填写需调整增加或者减少应纳税所得额的商业健康保险、税延养老保险以及国务院规定其他可以扣除项目的合计金额。

3. 第7行"应调整的其他项目":填写按规定应予调整的其他项目的合计金额。调整减少应纳税所得额的,用负数表示。

4. 第8行"调整后应纳税所得额":根据相关行次计算填报。

第8行=第1行+第2行+第7行。

5.第9~10行"税率""速算扣除数":填写按规定适用的税率和速算扣除数。

6.第11行"应纳税额":根据相关行次计算填报。第11行=第8行×第9行-第10行。

7.第12行"减免税额":填写符合税法规定可以减免的税额,并附报《个人所得税减免税事项报告表》。

8.第13行"已缴税额":填写纳税人本年度累计已缴纳的经营所得个人所得税的金额。

9.第14行"应补/退税额":按相关行次计算填报。第14行=第11行-第12行-第13行。

四、其他事项说明

以纸质方式报送本表的,应当一式两份,纳税人、税务机关各留存一份。

6.合伙制创业投资企业单一投资基金核算方式备案表

(_____至_____年度)

备案编号(主管税务机关填写):

创投企业(基金)名称	
纳税人识别号(统一社会信用代码)	
创投企业(基金)备案管理机构	□发展改革部门　　□证券监管部门
管理机构备案编号	
管理机构备案时间	

续表

谨声明:本表是根据国家税收法律法规及相关规定填报的,是真实的、可靠的、完整的。	
创投企业(基金)印章: 年 月 日	
经办人签字: 经办人身份证件号码: 代理机构签章: 代理机构统一社会信用代码:	受理人: 受理税务机关(章): 受理日期: 年 月 日

国家税务总局监制

《合伙制创业投资企业单一投资基金核算方式备案表》填表说明

一、适用范围

本表适用于合伙制创业投资企业(含创投基金,以下统称创投企业)选择按单一投资基金核算,按规定向主管税务机关进行核算类型备案。

二、报送期限

选择按单一投资基金核算的创投企业,应当在管理机构完成备案的30日内,向主管税务机关进行核算方式备案,报送本表。

创投企业选择一种核算方式满3年需要调整的,应当在满3年的次年1月31日前,重新向主管税务机关备案,报送本表。

三、本表各栏填写

1. 创投企业(基金)名称:填写创投企业的法定名称全称。

2. 纳税人识别号(统一社会信用代码):填写创投企业的纳税人识别号或统一社会信用代码。

3. 创投企业(基金)备案管理机构:选择创投企业备案的机构

名称,在"发展改革部门"或"证券监管部门"备案的,分别在对应框中打"√"。

4.管理机构备案编号:填写创投企业在国家发展和改革委员会或中国证券投资基金业协会备案的编号。

5.管理机构备案时间:填写创投企业在国家发展和改革委员会或中国证券投资基金业协会备案的时间。

四、其他事项说明

以纸质方式报送本表的,应当一式两份,扣缴义务人、税务机关各留存一份。

7. 单一投资基金核算的合伙制创业投资企业个人所得税扣缴申报表

税款所属期: 　　年　月　日至　　年　月　日

扣缴义务人名称:

扣缴义务人纳税人识别号(统一社会信用代码): □□□□□□□□□□□□□□□□□□

金额单位：人民币元(列至角分)

税务机关备案编号										
序号	被投资企业名称	被投资企业纳税人识别号(统一社会信用代码)	创投企业投资项目所得情况							
			投资股权份数	转让股权份数	转让后股权份数	股权转让时间	股权转让收入	股权原值	合理费用	股权转让所得额
1	2	3	4	5	6	7	8	9	10	11

续表

纳税年度内股权转让所得额合计

创投企业个人合伙人所得分配情况

序号	个人合伙人姓名	身份证件类型	身份证件号码	个人合伙人纳税人识别号	分配比例（%）	创投企业股权转让所得额	分配所得额	其中:投资初创科技型企业情况			应纳税所得额	税率	应纳税额	减免税额	已缴税额	应补/退税额
								创投企业符合条件的投资额	个人出资比例	当年按个人投资额70%计算的实际抵扣额						
12	13	14	15	16	17	18	19	20	21	22	23	24	25	26	27	28
合计												—				

谨声明:本表是根据国家税收法律法规及相关规定填报的,是真实的、可靠的、完整的。

创投企业（基金）印章：　　　　年　月　日

经办人签字：
经办人身份证件号码：　　　　　　受理人：
代理机构签章：　　　　　　　　　受理税务机关（章）：
代理机构统一社会信用代码：　　　受理日期：　　　年　月　日

国家税务总局监制

《单一投资基金核算的合伙制创业投资企业个人所得税扣缴申报表》填表说明

一、适用范围

本表适用于选择按单一投资基金核算的合伙制创业投资企业（含创投基金，以下统称创投企业）按规定办理年度股权转让所得扣缴申报时，向主管税务机关报送。

二、申报期限

创投企业取得所得的次年3月31日前报送。

三、本表各栏填写

（一）表头项目

1.税款所属期：填写创投企业申报股权转让所得的所属期间，应填写具体的起止年月日。

2.扣缴义务人名称：填写扣缴义务人（即创投企业）的法定名称全称。

3.扣缴义务人纳税人识别号（统一社会信用代码）：填写扣缴义务人（即创投企业）的纳税人识别号或者统一社会信用代码。

4.税务机关备案编号：填写创投企业在主管税务机关进行核算方式备案的编号。

（二）表内各栏

1.创投企业投资项目所得情况

（1）第2列"被投资企业名称"：填写被投资企业的法定名称。

（2）第3列"被投资企业纳税人识别号（统一社会信用代码）"：填写被投资企业的纳税人识别号或者统一社会信用代码。

（3）第4列"投资股权份数"：填写创投企业在发生股权转让前持有被投资企业的股权份数。

（4）第5列"转让股权份数"：填写创投企业纳税年度内转让被投资企业股权的份数，一年内发生多次转让的，应分行填写。

(5)第6列"转让后股权份数":填写创投企业发生股权转让后持有被投资企业的股权份数。

(6)第7列"股权转让时间":填写创投企业转让被投资企业股权的具体时间,一年内发生多次转让的,应分行填写。

(7)第8列"股权转让收入":填写创投企业发生股权转让收入额,一年内发生多次转让的,应分行填写。

(8)第9列"股权原值":填写创投企业转让股权的原值,一年内发生多次转让的,应分行填写。

(9)第10列"合理费用":填写转让股权过程中发生的按规定可以扣除的合理税费。

(10)第11列"股权转让所得额":按相关列次计算填报。第11列=第8列-第9列-第10列。

(11)"纳税年度内股权转让所得额合计":填写纳税年度内股权转让所得的合计金额,即所得与损失相互抵减后的余额。如余额为负数的,填写0。

2.创投企业个人合伙人所得分配情况

(1)第13列"个人合伙人姓名":填写个人合伙人姓名。

(2)第14列"身份证件类型":填写纳税人有效的身份证件名称。中国公民有中华人民共和国居民身份证的,填写居民身份证;没有居民身份证的,填写中华人民共和国护照、港澳居民来往内地通行证或港澳居民居住证、台湾居民通行证或台湾居民居住证、外国人永久居留身份证、外国人工作许可证或护照等。

(3)第15列"身份证件号码":填写纳税人有效身份证件上载明的证件号码。

(4)第16列"个人合伙人纳税人识别号":有中国公民身份号码的,填写中华人民共和国居民身份证上载明的"公民身份号码";没有中国公民身份号码的,填写税务机关赋予的纳税人识别号。

(5)第17列"分配比例(%)":分配比例按照合伙协议约定的比例填写;合伙协议未约定或不明确的,按合伙人协商决定的比例填写;协商不成的,按合伙人实缴出资比例填写;无法确定出资比例的,按合伙人平均分配。

(6)第18列"创投企业股权转让所得额":填写创投企业纳税年度内取得的股权转让所得总额,即本表"创投企业投资项目所得情况"中"纳税年度内股权转让所得额合计"的金额。

(7)第19列"分配所得额":填写个人合伙人按比例分得的股权转让所得额。第19列=第18列×第17列。

(8)第20列"创投企业符合条件的投资额":填写合伙创投企业对种子期、初创期科技型企业符合投资抵扣条件的投资额。

(9)第21列"个人出资比例":填写个人合伙人对创投企业的出资比例。

(10)第22列"当年按个人投资额70%计算的实际抵扣额":根据相关列次计算填报。第22列=第20列×第21列×70%。

(11)第23列"应纳税所得额":填写个人合伙人纳税年度内取得股权转让所得的应纳税所得额。第23列=第19列-第22列。

(12)第24列"税率":填写所得项目按规定适用的税率。

(13)第25列"应纳税额":根据相关列次计算填报。第25列=第23列×第24列。

(14)第26列"减免税额":填写符合税法规定的可以减免的税额,并附报《个人所得税减免税事项报告表》。

(15)第27列"已缴税额":填写纳税人当期已实际缴纳或者被扣缴的个人所得税税款。

(16)第28列"应补/退税额":根据相关列次计算填报。第28列=第25列-第26列-第27列。

四、其他事项说明

以纸质方式报送本表的,应当一式两份,扣缴义务人、税务机关各留存一份。

个人所得税扣缴申报管理办法(试行)

(2018年12月21日国家税务总局公告
2018年第61号发布 自2019年1月1日起施行)

第一条 为规范个人所得税扣缴申报行为,维护纳税人和扣缴义务人合法权益,根据《中华人民共和国个人所得税法》及其实施条例、《中华人民共和国税收征收管理法》及其实施细则等法律法规的规定,制定本办法。

第二条 扣缴义务人,是指向个人支付所得的单位或者个人。扣缴义务人应当依法办理全员全额扣缴申报。

全员全额扣缴申报,是指扣缴义务人应当在代扣税款的次月十五日内,向主管税务机关报送其支付所得的所有个人的有关信息、支付所得数额、扣除事项和数额、扣缴税款的具体数额和总额以及其他相关涉税信息资料。

第三条 扣缴义务人每月或者每次预扣、代扣的税款,应当在次月十五日内缴入国库,并向税务机关报送《个人所得税扣缴申报表》。

第四条 实行个人所得税全员全额扣缴申报的应税所得包括:

(一)工资、薪金所得;
(二)劳务报酬所得;
(三)稿酬所得;
(四)特许权使用费所得;
(五)利息、股息、红利所得;
(六)财产租赁所得;
(七)财产转让所得;
(八)偶然所得。

第五条 扣缴义务人首次向纳税人支付所得时,应当按照纳税人提供的纳税人识别号等基础信息,填写《个人所得税基础信息表(A表)》,并于次月扣缴申报时向税务机关报送。

扣缴义务人对纳税人向其报告的相关基础信息变化情况,应当于次月扣缴申报时向税务机关报送。

第六条 扣缴义务人向居民个人支付工资、薪金所得时,应当按照累计预扣法计算预扣税款,并按月办理扣缴申报。

累计预扣法,是指扣缴义务人在一个纳税年度内预扣预缴税款时,以纳税人在本单位截至当前月份工资、薪金所得累计收入减除累计免税收入、累计减除费用、累计专项扣除、累计专项附加扣除和累计依法确定的其他扣除后的余额为累计预扣预缴应纳税所得额,适用个人所得税预扣率表一(见附件),计算累计应预扣预缴税额,再减除累计减免税额和累计已预扣预缴税额,其余额为本期应预扣预缴税额。余额为负值时,暂不退税。纳税年度终了后余额仍为负值时,由纳税人通过办理综合所得年度汇算清缴,税款多退少补。

具体计算公式如下:

本期应预扣预缴税额=(累计预扣预缴应纳税所得额×预扣率-速算扣除数)-累计减免税额-累计已预扣预缴税额

累计预扣预缴应纳税所得额=累计收入-累计免税收入-累

计减除费用－累计专项扣除－累计专项附加扣除－累计依法确定的其他扣除

其中：累计减除费用，按照5000元/月乘以纳税人当年截至本月在本单位的任职受雇月份数计算。

第七条 居民个人向扣缴义务人提供有关信息并依法要求办理专项附加扣除的，扣缴义务人应当按照规定在工资、薪金所得按月预扣预缴税款时予以扣除，不得拒绝。

第八条 扣缴义务人向居民个人支付劳务报酬所得、稿酬所得、特许权使用费所得时，应当按照以下方法按次或者按月预扣预缴税款：

劳务报酬所得、稿酬所得、特许权使用费所得以收入减除费用后的余额为收入额；其中，稿酬所得的收入额减按百分之七十计算。

减除费用：预扣预缴税款时，劳务报酬所得、稿酬所得、特许权使用费所得每次收入不超过四千元的，减除费用按八百元计算；每次收入四千元以上的，减除费用按收入的百分之二十计算。

应纳税所得额：劳务报酬所得、稿酬所得、特许权使用费所得，以每次收入额为预扣预缴应纳税所得额，计算应预扣预缴税额。劳务报酬所得适用个人所得税预扣率表二（见附件），稿酬所得、特许权使用费所得适用百分之二十的比例预扣率。

居民个人办理年度综合所得汇算清缴时，应当依法计算劳务报酬所得、稿酬所得、特许权使用费所得的收入额，并入年度综合所得计算应纳税款，税款多退少补。

第九条 扣缴义务人向非居民个人支付工资、薪金所得，劳务报酬所得，稿酬所得和特许权使用费所得时，应当按照以下方法按月或者按次代扣代缴税款：

非居民个人的工资、薪金所得，以每月收入额减除费用五千元后的余额为应纳税所得额；劳务报酬所得、稿酬所得、特许权使用费所得,以每次收入额为应纳税所得额,适用个人所得税税率表三(见附件)计算应纳税额。劳务报酬所得、稿酬所得、特许权使用费所得以收入减除百分之二十的费用后的余额为收入额;其中,稿酬所得的收入额减按百分之七十计算。

非居民个人在一个纳税年度内税款扣缴方法保持不变,达到居民个人条件时,应当告知扣缴义务人基础信息变化情况,年度终了后按照居民个人有关规定办理汇算清缴。

第十条 扣缴义务人支付利息、股息、红利所得,财产租赁所得,财产转让所得或者偶然所得时,应当依法按次或者按月代扣代缴税款。

第十一条 劳务报酬所得、稿酬所得、特许权使用费所得,属于一次性收入的,以取得该项收入为一次;属于同一项目连续性收入的,以一个月内取得的收入为一次。

财产租赁所得,以一个月内取得的收入为一次。

利息、股息、红利所得,以支付利息、股息、红利时取得的收入为一次。

偶然所得,以每次取得该项收入为一次。

第十二条 纳税人需要享受税收协定待遇的,应当在取得应税所得时主动向扣缴义务人提出,并提交相关信息、资料,扣缴义务人代扣代缴税款时按照享受税收协定待遇有关办法办理。

第十三条 支付工资、薪金所得的扣缴义务人应当于年度终了后两个月内,向纳税人提供其个人所得和已扣缴税款等信息。纳税人年度中间需要提供上述信息的,扣缴义务人应当提供。

纳税人取得除工资、薪金所得以外的其他所得,扣缴义务人应当在扣缴税款后,及时向纳税人提供其个人所得和已扣缴税款等信息。

第十四条 扣缴义务人应当按照纳税人提供的信息计算税款、办理扣缴申报,不得擅自更改纳税人提供的信息。

扣缴义务人发现纳税人提供的信息与实际情况不符的,可以要求纳税人修改。纳税人拒绝修改的,扣缴义务人应当报告税务机关,税务机关应当及时处理。

纳税人发现扣缴义务人提供或者扣缴申报的个人信息、支付所得、扣缴税款等信息与实际情况不符的,有权要求扣缴义务人修改。扣缴义务人拒绝修改的,纳税人应当报告税务机关,税务机关应当及时处理。

第十五条 扣缴义务人对纳税人提供的《个人所得税专项附加扣除信息表》,应当按照规定妥善保存备查。

第十六条 扣缴义务人应当依法对纳税人报送的专项附加扣除等相关涉税信息和资料保密。

第十七条 对扣缴义务人按照规定扣缴的税款,按年付给百分之二的手续费。不包括税务机关、司法机关等查补或者责令补扣的税款。

扣缴义务人领取的扣缴手续费可用于提升办税能力、奖励办税人员。

第十八条 扣缴义务人依法履行代扣代缴义务,纳税人不得拒绝。纳税人拒绝的,扣缴义务人应当及时报告税务机关。

第十九条 扣缴义务人有未按照规定向税务机关报送资料和信息、未按照纳税人提供信息虚报虚扣专项附加扣除、应扣未扣税款、不缴或少缴已扣税款、借用或冒用他人身份等行为的,依照《中华人民共和国税收征收管理法》等相关法律、行政法规处理。

第二十条 本办法相关表证单书式样,由国家税务总局另行制定发布。

第二十一条 本办法自2019年1月1日起施行。《国家税务总局关于印发〈个人所得税全员全额扣缴申报管理暂行办法〉的通知》(国税发〔2005〕205号)同时废止。

附件:个人所得税税率表及预扣率表

个人所得税预扣率表一

（居民个人工资、薪金所得预扣预缴适用）

级数	累计预扣预缴应纳税所得额	预扣率(%)	速算扣除数
1	不超过36000元的部分	3	0
2	超过36000元至144000元的部分	10	2520
3	超过144000元至300000元的部分	20	16920
4	超过300000元至420000元的部分	25	31920
5	超过420000元至660000元的部分	30	52920
6	超过660000元至960000元的部分	35	85920
7	超过960000元的部分	45	181920

个人所得税预扣率表二

（居民个人劳务报酬所得预扣预缴适用）

级数	预扣预缴应纳税所得额	预扣率(%)	速算扣除数
1	不超过20000元的	20	0
2	超过20000元至50000元的部分	30	2000
3	超过50000元的部分	40	7000

个人所得税税率表三

（非居民个人工资、薪金所得，劳务报酬所得，稿酬所得，特许权使用费所得适用）

级数	应纳税所得额	税率(%)	速算扣除数
1	不超过3000元的	3	0
2	超过3000元至12000元的部分	10	210
3	超过12000元至25000元的部分	20	1410
4	超过25000元至35000元的部分	25	2660
5	超过35000元至55000元的部分	30	4410
6	超过55000元至80000元的部分	35	7160
7	超过80000元的部分	45	15160

个人所得税自行纳税申报办法(试行)

(2006年11月6日国家税务总局发布 国税发〔2006〕162号 根据2018年6月15日国家税务总局公告2018年第31号《关于修改部分税收规范性文件的公告》修正)

第一章 总 则

第一条 为进一步加强个人所得税征收管理,保障国家税收收入,维护纳税人的合法权益,方便纳税人自行纳税申报,规范自行纳税申报行为,根据《中华人民共和国个人所得税法》(以下简称个人所得税法)及其实施条例、《中华人民共和国税收征收管理法》(以下简称税收征管法)及其实施细则和其他法律、法规的有关规定,制定本办法。

第二条 凡依据个人所得税法负有纳税义务的纳税人,有下列情形之一的,应当按照本办法的规定办理纳税申报:

(一)年所得12万元以上的;

(二)从中国境内两处或者两处以上取得工资、薪金所得的;

(三)从中国境外取得所得的;

(四)取得应税所得,没有扣缴义务人的;

(五)国务院规定的其他情形。

第三条　本办法第二条第一项年所得12万元以上的纳税人，无论取得的各项所得是否已足额缴纳了个人所得税，均应当按照本办法的规定，于纳税年度终了后向主管税务机关办理纳税申报。

本办法第二条第二项至第四项情形的纳税人，均应当按照本办法的规定，于取得所得后向主管税务机关办理纳税申报。

本办法第二条第五项情形的纳税人，其纳税申报办法根据具体情形另行规定。

第四条　本办法第二条第一项所称年所得12万元以上的纳税人，不包括在中国境内无住所，且在一个纳税年度中在中国境内居住不满1年的个人。

本办法第二条第三项所称从中国境外取得所得的纳税人，是指在中国境内有住所，或者无住所而在一个纳税年度中在中国境内居住满1年的个人。

第二章　申报内容

第五条　年所得12万元以上的纳税人，在纳税年度终了后，应当填写《个人所得税纳税申报表（适用于年所得12万元以上的纳税人申报）》，并在办理纳税申报时报送主管税务机关，同时报送个人有效身份证件复印件，以及主管税务机关要求报送的其他有关资料。

有效身份证件，包括纳税人的身份证、护照、回乡证、军人身份证件等。

第六条　本办法所称年所得12万元以上，是指纳税人在一个纳税年度取得以下各项所得的合计数额达到12万元：

（一）工资、薪金所得；

（二）个体工商户的生产、经营所得；

（三）对企事业单位的承包经营、承租经营所得；

(四)劳务报酬所得;

(五)稿酬所得;

(六)特许权使用费所得;

(七)利息、股息、红利所得;

(八)财产租赁所得;

(九)财产转让所得;

(十)偶然所得;

(十一)经国务院财政部门确定征税的其他所得。

第七条 本办法第六条规定的所得不含以下所得:

(一)个人所得税法第四条第一项至第九项规定的免税所得,即:

1. 省级人民政府、国务院部委、中国人民解放军军以上单位,以及外国组织、国际组织颁发的科学、教育、技术、文化、卫生、体育、环境保护等方面的奖金;

2. 国债和国家发行的金融债券利息;

3. 按照国家统一规定发给的补贴、津贴,即个人所得税法实施条例第十三条规定的按照国务院规定发放的政府特殊津贴、院士津贴、资深院士津贴以及国务院规定免纳个人所得税的其他补贴、津贴;

4. 福利费、抚恤金、救济金;

5. 保险赔款;

6. 军人的转业费、复员费;

7. 按照国家统一规定发给干部、职工的安家费、退职费、退休工资、离休工资、离休生活补助费;

8. 依照我国有关法律规定应予免税的各国驻华使馆、领事馆的外交代表、领事官员和其他人员的所得;

9. 中国政府参加的国际公约、签订的协议中规定免税的所得。

(二)个人所得税法实施条例第六条规定可以免税的来源于

中国境外的所得。

（三）个人所得税法实施条例第二十五条规定的按照国家规定单位为个人缴付和个人缴付的基本养老保险费、基本医疗保险费、失业保险费、住房公积金。

第八条 本办法第六条所指各项所得的年所得按照下列方法计算：

（一）工资、薪金所得，按照未减除费用（每月1600元）及附加减除费用（每月3200元）的收入额计算。

（二）个体工商户的生产、经营所得，按照应纳税所得额计算。实行查账征收的，按照每一纳税年度的收入总额减除成本、费用以及损失后的余额计算；实行定期定额征收的，按照纳税人自行申报的年度应纳税所得额计算，或者按照其自行申报的年度应纳税经营额乘以应税所得率计算。

（三）对企事业单位的承包经营、承租经营所得，按照每一纳税年度的收入总额计算，即按照承包经营、承租经营者实际取得的经营利润，加上从承包、承租的企事业单位中取得的工资、薪金性质的所得计算。

（四）劳务报酬所得，稿酬所得，特许权使用费所得，按照未减除费用（每次800元或者每次收入的20%）的收入额计算。

（五）财产租赁所得，按照未减除费用（每次800元或者每次收入的20%）和修缮费用的收入额计算。

（六）财产转让所得，按照应纳税所得额计算，即按照以转让财产的收入额减除财产原值和转让财产过程中缴纳的税金及有关合理费用后的余额计算。

（七）利息、股息、红利所得，偶然所得和其他所得，按照收入额全额计算。

第九条 纳税人取得本办法第二条第二项至第四项所得，应当按规定填写并向主管税务机关报送相应的纳税申报表，同时报送主管税务机关要求报送的其他有关资料。

第三章 申 报 地 点

第十条 年所得12万元以上的纳税人,纳税申报地点分别为:

(一)在中国境内有任职、受雇单位的,向任职、受雇单位所在地主管税务机关申报。

(二)在中国境内有两处或者两处以上任职、受雇单位的,选择并固定向其中一处单位所在地主管税务机关申报。

(三)在中国境内无任职、受雇单位,年所得项目中有个体工商户的生产、经营所得或者对企事业单位的承包经营、承租经营所得(以下统称生产、经营所得)的,向其中一处实际经营所在地主管税务机关申报。

(四)在中国境内无任职、受雇单位,年所得项目中无生产、经营所得的,向户籍所在地主管税务机关申报。在中国境内有户籍,但户籍所在地与中国境内经常居住地不一致的,选择并固定向其中一地主管税务机关申报。在中国境内没有户籍的,向中国境内经常居住地主管税务机关申报。

第十一条 取得本办法第二条第二项至第四项所得的纳税人,纳税申报地点分别为:

(一)从两处或者两处以上取得工资、薪金所得的,选择并固定向其中一处单位所在地主管税务机关申报。

(二)从中国境外取得所得的,向中国境内户籍所在地主管税务机关申报。在中国境内有户籍,但户籍所在地与中国境内经常居住地不一致的,选择并固定向其中一地主管税务机关申报。在中国境内没有户籍的,向中国境内经常居住地主管税务机关申报。

(三)个体工商户向实际经营所在地主管税务机关申报。

（四）个人独资、合伙企业投资者兴办两个或两个以上企业的，区分不同情形确定纳税申报地点：

1. 兴办的企业全部是个人独资性质的，分别向各企业的实际经营管理所在地主管税务机关申报。

2. 兴办的企业中含有合伙性质的，向经常居住地主管税务机关申报。

3. 兴办的企业中含有合伙性质，个人投资者经常居住地与其兴办企业的经营管理所在地不一致的，选择并固定向其参与兴办的某一合伙企业的经营管理所在地主管税务机关申报。

（五）除以上情形外，纳税人应当向取得所得所在地主管税务机关申报。

第十二条　纳税人不得随意变更纳税申报地点，因特殊情况变更纳税申报地点的，须报原主管税务机关备案。

第十三条　本办法第十一条第四项第三目规定的纳税申报地点，除特殊情况外，5年以内不得变更。

第十四条　本办法所称经常居住地，是指纳税人离开户籍所在地最后连续居住一年以上的地方。

第四章　申报期限

第十五条　年所得12万元以上的纳税人，在纳税年度终了后3个月内向主管税务机关办理纳税申报。

第十六条　个体工商户和个人独资、合伙企业投资者取得的生产、经营所得应纳的税款，分月预缴的，纳税人在每月终了后7日内办理纳税申报；分季预缴的，纳税人在每个季度终了后7日内办理纳税申报。纳税年度终了后，纳税人在3个月内进行汇算清缴。

第十七条　纳税人年终一次性取得对企事业单位的承包经

营、承租经营所得的，自取得所得之日起30日内办理纳税申报；在1个纳税年度内分次取得承包经营、承租经营所得的，在每次取得所得后的次月7日内申报预缴，纳税年度终了后3个月内汇算清缴。

第十八条　从中国境外取得所得的纳税人，在纳税年度终了后30日内向中国境内主管税务机关办理纳税申报。

第十九条　除本办法第十五条至第十八条规定的情形外，纳税人取得其他各项所得须申报纳税的，在取得所得的次月7日内向主管税务机关办理纳税申报。

第二十条　纳税人不能按照规定的期限办理纳税申报，需要延期的，按照税收征管法第二十七条和税收征管法实施细则第三十七条的规定办理。

第五章　申报方式

第二十一条　纳税人可以采取数据电文、邮寄等方式申报，也可以直接到主管税务机关申报，或者采取符合主管税务机关规定的其他方式申报。

第二十二条　纳税人采取数据电文方式申报的，应当按照税务机关规定的期限和要求保存有关纸质资料。

第二十三条　纳税人采取邮寄方式申报的，以邮政部门挂号信函收据作为申报凭据，以寄出的邮戳日期为实际申报日期。

第二十四条　纳税人可以委托有税务代理资质的中介机构或者他人代为办理纳税申报。

第六章　申报管理

第二十五条　主管税务机关应当将各类申报表，登载到税务机关的网站上,或者摆放到税务机关受理纳税申报的办税服务厅,免费供纳税人随时下载或取用。

第二十六条　主管税务机关应当在每年法定申报期间,通过适当方式,提醒年所得12万元以上的纳税人办理自行纳税申报。

第二十七条　受理纳税申报的主管税务机关根据纳税人的申报情况,按照规定办理税款的征、补、退、抵手续。

第二十八条　主管税务机关按照规定为已经办理纳税申报并缴纳税款的纳税人开具完税凭证。

第二十九条　税务机关依法为纳税人的纳税申报信息保密。

第三十条　纳税人变更纳税申报地点,并报原主管税务机关备案的,原主管税务机关应当及时将纳税人变更纳税申报地点的信息传递给新的主管税务机关。

第三十一条　主管税务机关对已办理纳税申报的纳税人建立纳税档案,实施动态管理。

第七章　法律责任

第三十二条　纳税人未按照规定的期限办理纳税申报和报送纳税资料的,依照税收征管法第六十二条的规定处理。

第三十三条　纳税人采取伪造、变造、隐匿、擅自销毁账簿、记账凭证,或者在账簿上多列支出或者不列、少列收入,或者经税务机关通知申报而拒不申报或者进行虚假的纳税申报,不缴或者少缴应纳税款的,依照税收征管法第六十三条的规定处理。

第三十四条　纳税人编造虚假计税依据的,依照税收征管法第六十四条第一款的规定处理。

第三十五条　纳税人有扣缴义务人支付的应税所得,扣缴义务人应扣未扣、应收未收税款的,依照税收征管法第六十九条的规定处理。

第三十六条 税务人员徇私舞弊或者玩忽职守,不征或者少征应征税款的,依照税收征管法第八十二条第一款的规定处理。

第三十七条 税务人员滥用职权,故意刁难纳税人的,依照税收征管法第八十二条第二款的规定处理。

第三十八条 税务机关和税务人员未依法为纳税人保密的,依照税收征管法第八十七条的规定处理。

第三十九条 税务代理人违反税收法律、行政法规,造成纳税人未缴或者少缴税款的,依照税收征管法实施细则第九十八条的规定处理。

第四十条 其他税收违法行为,依照税收法律、法规的有关规定处理。

第八章 附 则

第四十一条 纳税申报表由各省、自治区、直辖市和计划单列市税务局按照国家税务总局规定的式样统一印制。

第四十二条 纳税申报的其他事项,依照税收征管法、个人所得税法及其他有关法律、法规的规定执行。

第四十三条 本办法第二条第一项年所得12万元以上情形的纳税申报,按照第十届全国人民代表大会常务委员会第十八次会议通过的《关于修改〈中华人民共和国个人所得税法〉的决定》规定的施行时间,自2006年1月1日起执行。

第四十四条 本办法有关第二条第二项至第四项情形的纳税申报规定,自2007年1月1日起执行,《国家税务总局关于印发〈个人所得税自行申报纳税暂行办法〉的通知》(国税发〔1995〕077号)同时废止。

附件:(略)

六、专项附加扣除

个人所得税专项附加扣除暂行办法

(2018年12月13日发布 国发〔2018〕41号
自2019年1月1日起施行)

第一章 总 则

第一条 根据《中华人民共和国个人所得税法》(以下简称个人所得税法)规定,制定本办法。

第二条 本办法所称个人所得税专项附加扣除,是指个人所得税法规定的子女教育、继续教育、大病医疗、住房贷款利息或者住房租金、赡养老人等6项专项附加扣除。

第三条 个人所得税专项附加扣除遵循公平合理、利于民生、简便易行的原则。

第四条 根据教育、医疗、住房、养老等民生支出变化情况,适时调整专项附加扣除范围和标准。

第二章 子女教育

第五条 纳税人的子女接受全日制学历教育的相关支出,按照每个子女每月1000元的标准定额扣除。

学历教育包括义务教育（小学、初中教育）、高中阶段教育（普通高中、中等职业、技工教育）、高等教育（大学专科、大学本科、硕士研究生、博士研究生教育）。

年满3岁至小学入学前处于学前教育阶段的子女，按本条第一款规定执行。

第六条 父母可以选择由其中一方按扣除标准的100%扣除，也可以选择由双方分别按扣除标准的50%扣除，具体扣除方式在一个纳税年度内不能变更。

第七条 纳税人子女在中国境外接受教育的，纳税人应当留存境外学校录取通知书、留学签证等相关教育的证明资料备查。

第三章 继续教育

第八条 纳税人在中国境内接受学历（学位）继续教育的支出，在学历（学位）教育期间按照每月400元定额扣除。同一学历（学位）继续教育的扣除期限不能超过48个月。纳税人接受技能人员职业资格继续教育、专业技术人员职业资格继续教育的支出，在取得相关证书的当年，按照3600元定额扣除。

第九条 个人接受本科及以下学历（学位）继续教育，符合本办法规定扣除条件的，可以选择由其父母扣除，也可以选择由本人扣除。

第十条 纳税人接受技能人员职业资格继续教育、专业技术人员职业资格继续教育的，应当留存相关证书等资料备查。

第四章 大病医疗

第十一条 在一个纳税年度内，纳税人发生的与基本医保相关的医药费用支出，扣除医保报销后个人负担（指医保目录范围内的自付部分）累计超过 15000 元的部分，由纳税人在办理年度汇算清缴时，在 80000 元限额内据实扣除。

第十二条 纳税人发生的医药费用支出可以选择由本人或者其配偶扣除；未成年子女发生的医药费用支出可以选择由其父母一方扣除。

纳税人及其配偶、未成年子女发生的医药费用支出，按本办法第十一条规定分别计算扣除额。

第十三条 纳税人应当留存医药服务收费及医保报销相关票据原件（或者复印件）等资料备查。医疗保障部门应当向患者提供在医疗保障信息系统记录的本人年度医药费用信息查询服务。

第五章 住房贷款利息

第十四条 纳税人本人或者配偶单独或者共同使用商业银行或者住房公积金个人住房贷款为本人或者其配偶购买中国境内住房，发生的首套住房贷款利息支出，在实际发生贷款利息的年度，按照每月 1000 元的标准定额扣除，扣除期限最长不超过 240 个月。纳税人只能享受一次首套住房贷款的利息扣除。

本办法所称首套住房贷款是指购买住房享受首套住房贷款利率的住房贷款。

第十五条 经夫妻双方约定，可以选择由其中一方扣除，具体扣除方式在一个纳税年度内不能变更。

夫妻双方婚前分别购买住房发生的首套住房贷款，其贷款利息支出，婚后可以选择其中一套购买的住房，由购买方按扣除标准的 100% 扣除，也可以由夫妻双方对各自购买的住房分别按扣除标准的 50% 扣除，具体扣除方式在一个纳税年度内不能变更。

第十六条 纳税人应当留存住房贷款合同、贷款还款支出凭证备查。

第六章　住房租金

第十七条　纳税人在主要工作城市没有自有住房而发生的住房租金支出,可以按照以下标准定额扣除:

(一)直辖市、省会(首府)城市、计划单列市以及国务院确定的其他城市,扣除标准为每月 1500 元;

(二)除第一项所列城市以外,市辖区户籍人口超过 100 万的城市,扣除标准为每月 1100 元;市辖区户籍人口不超过 100 万的城市,扣除标准为每月 800 元。

纳税人的配偶在纳税人的主要工作城市有自有住房的,视同纳税人在主要工作城市有自有住房。

市辖区户籍人口,以国家统计局公布的数据为准。

第十八条　本办法所称主要工作城市是指纳税人任职受雇的直辖市、计划单列市、副省级城市、地级市(地区、州、盟)全部行政区域范围;纳税人无任职受雇单位的,为受理其综合所得汇算清缴的税务机关所在城市。

夫妻双方主要工作城市相同的,只能由一方扣除住房租金支出。

第十九条　住房租金支出由签订租赁住房合同的承租人扣除。

第二十条　纳税人及其配偶在一个纳税年度内不能同时分别享受住房贷款利息和住房租金专项附加扣除。

第二十一条　纳税人应当留存住房租赁合同、协议等有关资料备查。

第七章　赡养老人

第二十二条　纳税人赡养一位及以上被赡养人的赡养支出,

统一按照以下标准定额扣除：

（一）纳税人为独生子女的，按照每月2000元的标准定额扣除；

（二）纳税人为非独生子女的，由其与兄弟姐妹分摊每月2000元的扣除额度，每人分摊的额度不能超过每月1000元。可以由赡养人均摊或者约定分摊，也可以由被赡养人指定分摊。约定或者指定分摊的须签订书面分摊协议，指定分摊优先于约定分摊。具体分摊方式和额度在一个纳税年度内不能变更。

第二十三条　本办法所称被赡养人是指年满60岁的父母，以及子女均已去世的年满60岁的祖父母、外祖父母。

第八章　保障措施

第二十四条　纳税人向收款单位索取发票、财政票据、支出凭证，收款单位不能拒绝提供。

第二十五条　纳税人首次享受专项附加扣除，应当将专项附加扣除相关信息提交扣缴义务人或者税务机关，扣缴义务人应当及时将相关信息报送税务机关，纳税人对所提交信息的真实性、准确性、完整性负责。专项附加扣除信息发生变化的，纳税人应当及时向扣缴义务人或者税务机关提供相关信息。

前款所称专项附加扣除相关信息，包括纳税人本人、配偶、子女、被赡养人等个人身份信息，以及国务院税务主管部门规定的其他与专项附加扣除相关的信息。

本办法规定纳税人需要留存备查的相关资料应当留存五年。

第二十六条　有关部门和单位有责任和义务向税务部门提供或者协助核实以下与专项附加扣除有关的信息：

（一）公安部门有关户籍人口基本信息、户成员关系信息、出入境证件信息、相关出国人员信息、户籍人口死亡标识等信息；

（二）卫生健康部门有关出生医学证明信息、独生子女信息；

（三）民政部门、外交部门、法院有关婚姻状况信息；

（四）教育部门有关学生学籍信息（包括学历继续教育学生学籍、考籍信息）、在相关部门备案的境外教育机构资质信息；

（五）人力资源社会保障等部门有关技工院校学生学籍信息、技能人员职业资格继续教育信息、专业技术人员职业资格继续教育信息；

（六）住房城乡建设部门有关房屋（含公租房）租赁信息、住房公积金管理机构有关住房公积金贷款还款支出信息；

（七）自然资源部门有关不动产登记信息；

（八）人民银行、金融监督管理部门有关住房商业贷款还款支出信息；

（九）医疗保障部门有关在医疗保障信息系统记录的个人负担的医药费用信息；

（十）国务院税务主管部门确定需要提供的其他涉税信息。

上述数据信息的格式、标准、共享方式，由国务院税务主管部门及各省、自治区、直辖市和计划单列市税务局商有关部门确定。

有关部门和单位拥有专项附加扣除涉税信息，但未按规定要求向税务部门提供的，拥有涉税信息的部门或者单位的主要负责人及相关人员承担相应责任。

第二十七条 扣缴义务人发现纳税人提供的信息与实际情况不符的，可以要求纳税人修改。纳税人拒绝修改的，扣缴义务人应当报告税务机关，税务机关应当及时处理。

第二十八条 税务机关核查专项附加扣除情况时，纳税人任职受雇单位所在地、经常居住地、户籍所在地的公安派出所、居民委员会或者村民委员会等有关单位和个人应当协助核查。

第九章 附　　则

第二十九条　本办法所称父母,是指生父母、继父母、养父母。本办法所称子女,是指婚生子女、非婚生子女、继子女、养子女。父母之外的其他人担任未成年人的监护人的,比照本办法规定执行。

第三十条　个人所得税专项附加扣除额一个纳税年度扣除不完的,不能结转以后年度扣除。

第三十一条　个人所得税专项附加扣除具体操作办法,由国务院税务主管部门另行制定。

第三十二条　本办法自 2019 年 1 月 1 日起施行。

个人所得税专项附加扣除操作办法(试行)

(2018 年 12 月 13 日国务院印发　国发〔2018〕41 号　根据 2022 年 3 月 25 日国家税务总局公告 2022 年第 7 号《关于修订发布〈个人所得税专项附加扣除操作办法(试行)〉的公告》修订)

第一章 总　　则

第一条　为了规范个人所得税专项附加扣除行为,切实维护纳税人合法权益,根据《中华人民共和国个人所得税法》及其实施条例、《中华人民共和国税收征收管理法》及其实施细则、《国务院关于印发个人所得税专项附加扣除暂行办法的通知》(国发〔2018〕41号)、《国务院关于设立3岁以下婴幼儿照护个人所得税专项附加扣除的通知》(国发〔2022〕8号)的规定,制定本办法。

第二条 纳税人享受子女教育、继续教育、大病医疗、住房贷款利息或者住房租金、赡养老人、3岁以下婴幼儿照护专项附加扣除的,依照本办法规定办理。

第二章 享受扣除及办理时间

第三条 纳税人享受符合规定的专项附加扣除的计算时间分别为:

(一)子女教育。学前教育阶段,为子女年满3周岁当月至小学入学前一月。学历教育,为子女接受全日制学历教育入学的当月至全日制学历教育结束的当月。

(二)继续教育。学历(学位)继续教育,为在中国境内接受学历(学位)继续教育入学的当月至学历(学位)继续教育结束的当月,同一学历(学位)继续教育的扣除期限最长不得超过48个月。技能人员职业资格继续教育、专业技术人员职业资格继续教育,为取得相关证书的当年。

(三)大病医疗。为医疗保障信息系统记录的医药费用实际支出的当年。

(四)住房贷款利息。为贷款合同约定开始还款的当月至贷款全部归还或贷款合同终止的当月,扣除期限最长不得超过240个月。

(五)住房租金。为租赁合同(协议)约定的房屋租赁期开始的当月至租赁期结束的当月。提前终止合同(协议)的,以实际租赁期限为准。

（六）赡养老人。为被赡养人年满60周岁的当月至赡养义务终止的年末。

（七）3岁以下婴幼儿照护。为婴幼儿出生的当月至年满3周岁的前一个月。

前款第一项、第二项规定的学历教育和学历（学位）继续教育的期间，包含因病或其他非主观原因休学但学籍继续保留的休学期间，以及施教机构按规定组织实施的寒暑假等假期。

第四条 享受子女教育、继续教育、住房贷款利息或者住房租金、赡养老人、3岁以下婴幼儿照护专项附加扣除的纳税人，自符合条件开始，可以向支付工资、薪金所得的扣缴义务人提供上述专项附加扣除有关信息，由扣缴义务人在预扣预缴税款时，按其在本单位本年可享受的累计扣除额办理扣除；也可以在次年3月1日至6月30日内，向汇缴地主管税务机关办理汇算清缴申报时扣除。

纳税人同时从两处以上取得工资、薪金所得，并由扣缴义务人办理上述专项附加扣除的，对同一专项附加扣除项目，一个纳税年度内，纳税人只能选择从其中一处扣除。

享受大病医疗专项附加扣除的纳税人，由其在次年3月1日至6月30日内，自行向汇缴地主管税务机关办理汇算清缴申报时扣除。

第五条 扣缴义务人办理工资、薪金所得预扣预缴税款时，应当根据纳税人报送的《个人所得税专项附加扣除信息表》（以下简称《扣除信息表》，见附件）为纳税人办理专项附加扣除。

纳税人年度中间更换工作单位的，在原单位任职、受雇期间已享受的专项附加扣除金额，不得在新任职、受雇单位扣除。原扣缴义务人应当自纳税人离职不再发放工资薪金所得的当月起，停止为其办理专项附加扣除。

第六条 纳税人未取得工资、薪金所得，仅取得劳务报酬所得、稿酬所得、特许权使用费所得需要享受专项附加扣除的,应当在次年3月1日至6月30日内,自行向汇缴地主管税务机关报送《扣除信息表》,并在办理汇算清缴申报时扣除。

第七条　一个纳税年度内,纳税人在扣缴义务人预扣预缴税款环节未享受或未足额享受专项附加扣除的,可以在当年内向支付工资、薪金的扣缴义务人申请在剩余月份发放工资、薪金时补充扣除,也可以在次年3月1日至6月30日内,向汇缴地主管税务机关办理汇算清缴时申报扣除。

第三章　报送信息及留存备查资料

第八条　纳税人选择在扣缴义务人发放工资、薪金所得时享受专项附加扣除的,首次享受时应当填写并向扣缴义务人报送《扣除信息表》;纳税年度中间相关信息发生变化的,纳税人应当更新《扣除信息表》相应栏次,并及时报送给扣缴义务人。

更换工作单位的纳税人,需要由新任职、受雇扣缴义务人办理专项附加扣除的,应当在入职的当月,填写并向扣缴义务人报送《扣除信息表》。

第九条　纳税人次年需要由扣缴义务人继续办理专项附加扣除的,应当于每年12月份对次年享受专项附加扣除的内容进行确认,并报送至扣缴义务人。纳税人未及时确认的,扣缴义务人于次年1月起暂停扣除,待纳税人确认后再行办理专项附加扣除。

扣缴义务人应当将纳税人报送的专项附加扣除信息,在次月办理扣缴申报时一并报送至主管税务机关。

第十条　纳税人选择在汇算清缴申报时享受专项附加扣除的,应当填写并向汇缴地主管税务机关报送《扣除信息表》。

第十一条　纳税人将需要享受的专项附加扣除项目信息填报至《扣除信息表》相应栏次。填报要素完整的,扣缴义务人或者主管税务机关应当受理;填报要素不完整的,扣缴义务人或者主管税务机关应当及时告知纳税人补正或重新填报。纳税人未补正或重新填报的,暂不办理相关专项附加扣除,待纳税人补正或重新填报后再行办理。

第十二条 纳税人享受子女教育专项附加扣除,应当填报配偶及子女的姓名、身份证件类型及号码、子女当前受教育阶段及起止时间、子女就读学校以及本人与配偶之间扣除分配比例等信息。

纳税人需要留存备查资料包括:子女在境外接受教育的,应当留存境外学校录取通知书、留学签证等境外教育佐证资料。

第十三条 纳税人享受继续教育专项附加扣除,接受学历(学位)继续教育的,应当填报教育起止时间、教育阶段等信息;接受技能人员或者专业技术人员职业资格继续教育的,应当填报证书名称、证书编号、发证机关、发证(批准)时间等信息。

纳税人需要留存备查资料包括:纳税人接受技能人员职业资格继续教育、专业技术人员职业资格继续教育的,应当留存职业资格相关证书等资料。

第十四条 纳税人享受住房贷款利息专项附加扣除,应当填报住房权属信息、住房坐落地址、贷款方式、贷款银行、贷款合同编号、贷款期限、首次还款日期等信息;纳税人有配偶的,填写配偶姓名、身份证件类型及号码。

纳税人需要留存备查资料包括:住房贷款合同、贷款还款支出凭证等资料。

第十五条 纳税人享受住房租金专项附加扣除,应当填报主要工作城市、租赁住房坐落地址、出租人姓名及身份证件类型和号码或者出租方单位名称及纳税人识别号(社会统一信用代码)、租赁起止时间等信息;纳税人有配偶的,填写配偶姓名、身份证件类型及号码。

纳税人需要留存备查资料包括:住房租赁合同或协议等资料。

第十六条 纳税人享受赡养老人专项附加扣除,应当填报纳税人是否为独生子女、月扣除金额、被赡养人姓名及身份证件类型和号码、与纳税人关系;有共同赡养人的,需填报分摊方式、共同赡养人姓名及身份证件类型和号码等信息。

纳税人需要留存备查资料包括:约定或指定分摊的书面分摊协议等资料。

第十七条 纳税人享受大病医疗专项附加扣除,应当填报患者姓名、身份证件类型及号码、与纳税人关系、与基本医保相关的医药费用总金额、医保目录范围内个人负担的自付金额等信息。

纳税人需要留存备查资料包括:大病患者医药服务收费及医保报销相关票据原件或复印件,或者医疗保障部门出具的纳税年度医药费用清单等资料。

第十八条 纳税人享受3岁以下婴幼儿照护专项附加扣除,应当填报配偶及子女的姓名、身份证件类型(如居民身份证、子女出生医学证明等)及号码以及本人与配偶之间扣除分配比例等信息。

纳税人需要留存备查资料包括:子女的出生医学证明等资料。

第十九条 纳税人应当对报送的专项附加扣除信息的真实性、准确性、完整性负责。

第四章 信息报送方式

第二十条 纳税人可以通过远程办税端、电子或者纸质报表等方式,向扣缴义务人或者主管税务机关报送个人专项附加扣除信息。

第二十一条 纳税人选择纳税年度内由扣缴义务人办理专项附加扣除的,按下列规定办理:

(一)纳税人通过远程办税端选择扣缴义务人并报送专项附

加扣除信息的,扣缴义务人根据接收的扣除信息办理扣除。

(二)纳税人通过填写电子或者纸质《扣除信息表》直接报送扣缴义务人的,扣缴义务人将相关信息导入或者录入扣缴端软件,并在次月办理扣缴申报时提交给主管税务机关。《扣除信息表》应当一式两份,纳税人和扣缴义务人签字(章)后分别留存备查。

第二十二条 纳税人选择年度终了后办理汇算清缴申报时享受专项附加扣除的,既可以通过远程办税端报送专项附加扣除信息,也可以将电子或者纸质《扣除信息表》(一式两份)报送给汇缴地主管税务机关。

报送电子《扣除信息表》的,主管税务机关受理打印,交由纳税人签字后,一份由纳税人留存备查,一份由税务机关留存;报送纸质《扣除信息表》的,纳税人签字确认、主管税务机关受理签章后,一份退还纳税人留存备查,一份由税务机关留存。

第二十三条 扣缴义务人和税务机关应当告知纳税人办理专项附加扣除的方式和渠道,鼓励并引导纳税人采用远程办税端报送信息。

第五章 后续管理

第二十四条 纳税人应当将《扣除信息表》及相关留存备查资料,自法定汇算清缴期结束后保存五年。

纳税人报送给扣缴义务人的《扣除信息表》,扣缴义务人应当自预扣预缴年度的次年起留存五年。

第二十五条 纳税人向扣缴义务人提供专项附加扣除信息的,扣缴义务人应当按照规定予以扣除,不得拒绝。扣缴义务人应当为纳税人报送的专项附加扣除信息保密。

第二十六条 扣缴义务人应当及时按照纳税人提供的信息计算办理扣缴申报,不得擅自更改纳税人提供的相关信息。

扣缴义务人发现纳税人提供的信息与实际情况不符,可以要求纳税人修改。纳税人拒绝修改的,扣缴义务人应当向主管税务机关报告,税务机关应当及时处理。

除纳税人另有要求外,扣缴义务人应当于年度终了后两个月内,向纳税人提供已办理的专项附加扣除项目及金额等信息。

第二十七条 税务机关定期对纳税人提供的专项附加扣除信息开展抽查。

第二十八条 税务机关核查时,纳税人无法提供留存备查资料,或者留存备查资料不能支持相关情况的,税务机关可以要求纳税人提供其他佐证;不能提供其他佐证材料,或者佐证材料仍不足以支持的,不得享受相关专项附加扣除。

第二十九条 税务机关核查专项附加扣除情况时,可以提请有关单位和个人协助核查,相关单位和个人应当协助。

第三十条 纳税人有下列情形之一的,主管税务机关应当责令其改正;情形严重的,应当纳入有关信用信息系统,并按照国家有关规定实施联合惩戒;涉及违反税收征管法等法律法规的,税务机关依法进行处理:

(一)报送虚假专项附加扣除信息;
(二)重复享受专项附加扣除;
(三)超范围或标准享受专项附加扣除;
(四)拒不提供留存备查资料;
(五)税务总局规定的其他情形。

纳税人在任职、受雇单位报送虚假扣除信息的,税务机关责令改正的同时,通知扣缴义务人。

第三十一条 本办法自 2022 年 1 月 1 日起施行。

附件:1. 个人所得税专项附加扣除信息表(略)
　　　2. 个人所得税扣缴申报表(略)

七、税收优惠政策

财政部、税务总局关于个人所得税法修改后有关优惠政策衔接问题的通知

(2018 年 12 月 27 日发布　财税〔2018〕164 号
自 2019 年 1 月 1 日起执行)

各省、自治区、直辖市、计划单列市财政厅(局),国家税务总局各省、自治区、直辖市、计划单列市税务局,新疆生产建设兵团财政局:

为贯彻落实修改后的《中华人民共和国个人所得税法》,现将个人所得税优惠政策衔接有关事项通知如下:

一、关于全年一次性奖金、中央企业负责人年度绩效薪金延期兑现收入和任期奖励的政策

(一)居民个人取得全年一次性奖金,符合《国家税务总局关于调整个人取得全年一次性奖金等计算征收个人所得税方法问题的通知》(国税发〔2005〕9 号)规定的,在 2021 年 12 月 31 日前,不并入当年综合所得,以全年一次性奖金收入除以 12 个月得到的数额,按照本通知所附按月换算后的综合所得税率表(以下简称月度税率表),确定适用税率和速算扣除数,单独计算纳税。计算公式为:

应纳税额＝全年一次性奖金收入×适用税率－速算扣除数

居民个人取得全年一次性奖金，也可以选择并入当年综合所得计算纳税。

自2022年1月1日起，居民个人取得全年一次性奖金，应并入当年综合所得计算缴纳个人所得税。

（二）中央企业负责人取得年度绩效薪金延期兑现收入和任期奖励，符合《国家税务总局关于中央企业负责人年度绩效薪金延期兑现收入和任期奖励征收个人所得税问题的通知》（国税发〔2007〕118号）规定的，在2021年12月31日前，参照本通知第一条第（一）项执行；2022年1月1日之后的政策另行明确。

二、关于上市公司股权激励的政策

（一）居民个人取得股票期权、股票增值权、限制性股票、股权奖励等股权激励（以下简称股权激励），符合《财政部、国家税务总局关于个人股票期权所得征收个人所得税问题的通知》（财税〔2005〕35号）、《财政部、国家税务总局关于股票增值权所得和限制性股票所得征收个人所得税有关问题的通知》（财税〔2009〕5号）、《财政部、国家税务总局关于将国家自主创新示范区有关税收试点政策推广到全国范围实施的通知》（财税〔2015〕116号）第四条、《财政部、国家税务总局关于完善股权激励和技术入股有关所得税政策的通知》（财税〔2016〕101号）第四条第（一）项规定的相关条件的，在2021年12月31日前，不并入当年综合所得，全额单独适用综合所得税率表，计算纳税。计算公式为：

应纳税额＝股权激励收入×适用税率－速算扣除数

（二）居民个人一个纳税年度内取得两次以上（含两次）股权激励的，应合并按本通知第二条第（一）项规定计算纳税。

（三）2022年1月1日之后的股权激励政策另行明确。

三、关于保险营销员、证券经纪人佣金收入的政策

保险营销员、证券经纪人取得的佣金收入，属于劳务报酬所

得，以不含增值税的收入减除20%的费用后的余额为收入额，收入额减去展业成本以及附加税费后，并入当年综合所得，计算缴纳个人所得税。保险营销员、证券经纪人展业成本按照收入额的25%计算。

扣缴义务人向保险营销员、证券经纪人支付佣金收入时，应按照《个人所得税扣缴申报管理办法（试行）》（国家税务总局公告2018年第61号）规定的累计预扣法计算预扣税款。

四、关于个人领取企业年金、职业年金的政策

个人达到国家规定的退休年龄，领取的企业年金、职业年金，符合《财政部、人力资源社会保障部、国家税务总局关于企业年金、职业年金个人所得税有关问题的通知》（财税〔2013〕103号）规定的，不并入综合所得，全额单独计算应纳税款。其中按月领取的，适用月度税率表计算纳税；按季领取的，平均分摊计入各月，按每月领取额适用月度税率表计算纳税；按年领取的，适用综合所得税率表计算纳税。

个人因出境定居而一次性领取的年金个人账户资金，或个人死亡后，其指定的受益人或法定继承人一次性领取的年金个人账户余额，适用综合所得税率表计算纳税。对个人除上述特殊原因外一次性领取年金个人账户资金或余额的，适用月度税率表计算纳税。

五、关于解除劳动关系、提前退休、内部退养的一次性补偿收入的政策

（一）个人与用人单位解除劳动关系取得一次性补偿收入（包括用人单位发放的经济补偿金、生活补助费和其他补助费），在当地上年职工平均工资3倍数额以内的部分，免征个人所得税；超过3倍数额的部分，不并入当年综合所得，单独适用综合所得税率表，计算纳税。

（二）个人办理提前退休手续而取得的一次性补贴收入，应按照办理提前退休手续至法定离退休年龄之间实际年度数平均分摊,确定适用税率和速算扣除数,单独适用综合所得税率表,计算纳税。计算公式:

应纳税额={〔(一次性补贴收入÷办理提前退休手续至法定退休年龄的实际年度数)-费用扣除标准〕×适用税率-速算扣除数}×办理提前退休手续至法定退休年龄的实际年度数

(三)个人办理内部退养手续而取得的一次性补贴收入,按照《国家税务总局关于个人所得税有关政策问题的通知》(国税发〔1999〕58号)规定计算纳税。

六、关于单位低价向职工售房的政策

单位按低于购置或建造成本价格出售住房给职工,职工因此而少支出的差价部分,符合《财政部、国家税务总局关于单位低价向职工售房有关个人所得税问题的通知》(财税〔2007〕13号)第二条规定的,不并入当年综合所得,以差价收入除以12个月得到的数额,按照月度税率表确定适用税率和速算扣除数,单独计算纳税。计算公式为:

应纳税额=职工实际支付的购房价款低于该房屋的购置或建造成本价格的差额×适用税率-速算扣除数

七、关于外籍个人有关津补贴的政策

(一)2019年1月1日至2021年12月31日期间,外籍个人符合居民个人条件的,可以选择享受个人所得税专项附加扣除,也可以选择按照《财政部、国家税务总局关于个人所得税若干政策问题的通知》(财税〔1994〕20号)、《国家税务总局关于外籍个人取得有关补贴征免个人所得税执行问题的通知》(国税发〔1997〕54号)和《财政部、国家税务总局关于外籍个人取得港澳地区住房等补贴征免个人所得税的通知》(财税〔2004〕29号)规定,享受住房补贴、语言训练费、子女教育费等津补贴免税优惠政策,但不得同时享受。外籍个人一经选择,在一个纳税年度内不得变更。

（二）自2022年1月1日起，外籍个人不再享受住房补贴、语言训练费、子女教育费津补贴免税优惠政策，应按规定享受专项附加扣除。

八、除上述衔接事项外，其他个人所得税优惠政策继续按照原文件规定执行。

九、本通知自2019年1月1日起执行。下列文件或文件条款同时废止：

（一）《财政部、国家税务总局关于个人与用人单位解除劳动关系取得的一次性补偿收入征免个人所得税问题的通知》（财税〔2001〕157号）第一条；

（二）《财政部、国家税务总局关于个人股票期权所得征收个人所得税问题的通知》（财税〔2005〕35号）第四条第（一）项；

（三）《财政部、国家税务总局关于单位低价向职工售房有关个人所得税问题的通知》（财税〔2007〕13号）第三条；

（四）《财政部、人力资源社会保障部、国家税务总局关于企业年金职业年金个人所得税有关问题的通知》（财税〔2013〕103号）第三条第（一）项和第（三）项；

（五）《国家税务总局关于个人认购股票等有价证券而从雇主取得折扣或补贴收入有关征收个人所得税问题的通知》（国税发〔1998〕9号）；

（六）《国家税务总局关于保险企业营销员（非雇员）取得的收入计征个人所得税问题的通知》（国税发〔1998〕13号）；

（七）《国家税务总局关于个人因解除劳动合同取得经济补偿金征收个人所得税问题的通知》（国税发〔1999〕178号）；

（八）《国家税务总局关于国有企业职工因解除劳动合同取得一次性补偿收入征免个人所得税问题的通知》（国税发〔2000〕77号）；

（九）《国家税务总局关于调整个人取得全年一次性奖金等计

算征收个人所得税方法问题的通知》(国税发〔2005〕9号)第二条;

(十)《国家税务总局关于保险营销员取得佣金收入征免个人所得税问题的通知》(国税函〔2006〕454号);

(十一)《国家税务总局关于个人股票期权所得缴纳个人所得税有关问题的补充通知》(国税函〔2006〕902号)第七条、第八条;

(十二)《国家税务总局关于中央企业负责人年度绩效薪金延期兑现收入和任期奖励征收个人所得税问题的通知》(国税发〔2007〕118号)第一条;

(十三)《国家税务总局关于个人提前退休取得补贴收入个人所得税问题的公告》(国家税务总局公告2011年第6号)第二条;

(十四)《国家税务总局关于证券经纪人佣金收入征收个人所得税问题的公告》(国家税务总局公告2012年第45号)。

附件:按月换算后的综合所得税率表

按月换算后的综合所得税率表

级数	全月应纳税所得额	税率(%)	速算扣除数
1	不超过3000元的	3	0
2	超过3000元至12000元的部分	10	210
3	超过12000元至25000元的部分	20	1410
4	超过25000元至35000元的部分	25	2660
5	超过35000元至55000元的部分	30	4410
6	超过55000元至80000元的部分	35	7160
7	超过80000元的部分	45	15160

财政部、税务总局关于继续有效的个人所得税优惠政策目录的公告

（2018年12月29日财政部、税务总局公告 2018年第177号发布）

为贯彻落实修改后的《中华人民共和国个人所得税法》，现将继续有效的个人所得税优惠政策涉及的文件目录予以公布。

特此公告。

附：继续有效的个人所得税优惠政策涉及的文件目录

继续有效的个人所得税优惠政策涉及的文件目录

序号	制定机关	优惠政策文件名称	文号
1	财政部	财政部关于外国来华工作人员缴纳个人所得税问题的通知	(80)财税字第189号
2	财政部、税务总局	财政部 国家税务总局关于个人所得税若干政策问题的通知	财税字〔1994〕020号
3	财政部、税务总局	财政部 国家税务总局关于西藏自治区贯彻施行《中华人民共和国个人所得税法》有关问题的批复	财税字〔1994〕021号
4	税务总局	国家税务总局关于印发《征收个人所得税若干问题的规定》的通知	国税发〔1994〕089号
5	税务总局	国家税务总局关于社会福利有奖募捐发行收入税收问题的通知	国税发〔1994〕127号

续表

序号	制定机关	优惠政策文件名称	文号
6	税务总局	国家税务总局关于曾宪梓教育基金会教师奖免征个人所得税的函	国税函发〔1994〕376号
7	财政部、税务总局	财政部 国家税务总局关于发给见义勇为者的奖金免征个人所得税问题的通知	财税字〔1995〕25号
8	税务总局	国家税务总局关于个人取得青苗补偿费收入征免个人所得税的批复	国税函发〔1995〕079号
9	财政部、税务总局	财政部 税务总局关于军队干部工资薪金收入征收个人所得税的通知	财税字〔1996〕14号
10	财政部、税务总局	财政部 国家税务总局关于西藏特殊津贴免征个人所得税的批复	财税字〔1996〕91号
11	财政部、税务总局	财政部 国家税务总局关于国际青少年消除贫困奖免征个人所得税的通知	财税字〔1997〕51号
12	税务总局	国家税务总局关于股份制企业转增股本和派发红股征免个人所得税的通知	国税发〔1997〕198号
13	财政部、税务总局	财政部 国家税务总局关于个人取得体育彩票中奖所得征免个人所得税问题的通知	财税字〔1998〕12号
14	财政部、税务总局	财政部 国家税务总局关于证券投资基金税收问题的通知	财税字〔1998〕55号
15	财政部、税务总局	财政部 国家税务总局关于个人转让股票所得继续暂免征收个人所得税的通知	财税字〔1998〕61号
16	税务总局	国家税务总局关于原城市信用社在转制为城市合作银行过程中个人股增值所得应纳个人所得税的批复	国税函〔1998〕289号

续表

序号	制定机关	优惠政策文件名称	文号
17	税务总局	国家税务总局关于"长江学者奖励计划"有关个人收入免征个人所得税的通知	国税函〔1998〕632号
18	财政部、税务总局	财政部 国家税务总局关于促进科技成果转化有关税收政策的通知	财税字〔1999〕45号
19	税务总局	国家税务总局关于个人所得税有关政策问题的通知	国税发〔1999〕58号
20	税务总局	国家税务总局关于促进科技成果转化有关个人所得税问题的通知	国税发〔1999〕125号
21	财政部、税务总局	财政部 国家税务总局关于住房公积金 医疗保险金 基本养老保险金 失业保险基金个人帐户存款利息所得免征个人所得税的通知	财税字〔1999〕267号
22	税务总局	国家税务总局关于"特聘教授奖金"免征个人所得税的通知	国税函〔1999〕525号
23	税务总局	国家税务总局关于企业改组改制过程中个人取得的量化资产征收个人所得税问题的通知	国税发〔2000〕60号
24	财政部、税务总局	财政部 国家税务总局关于随军家属就业有关税收政策的通知	财税〔2000〕84号
25	财政部、税务总局	财政部 国家税务总局关于调整住房租赁市场税收政策的通知	财税〔2000〕125号
26	税务总局	国家税务总局关于律师事务所从业人员取得收入征收个人所得税有关业务问题的通知	国税发〔2000〕149号
27	税务总局	国家税务总局关于"长江小小科学家"奖金免征个人所得税的通知	国税函〔2000〕688号

续表

序号	制定机关	优惠政策文件名称	文号
28	税务总局	国家税务总局关于《关于个人独资企业和合伙企业投资者征收个人所得税的规定》执行口径的通知	国税函〔2001〕84号
29	财政部、税务总局	财政部 国家税务总局关于个人与用人单位解除劳动关系取得的一次性补偿收入征免个人所得税问题的通知	财税〔2001〕157号
30	财政部、税务总局	财政部 国家税务总局关于开放式证券投资基金有关税收问题的通知	财税〔2002〕128号
31	财政部、税务总局	财政部 国家税务总局关于自主择业的军队转业干部有关税收政策问题的通知	财税〔2003〕26号
32	税务总局	国家税务总局关于个人取得"母亲河(波司登)奖"奖金所得免征个人所得税问题的批复	国税函〔2003〕961号
33	财政部、税务总局	财政部 国家税务总局关于外籍个人取得港澳地区住房等补贴征免个人所得税的通知	财税〔2004〕29号
34	财政部、税务总局	财政部 国家税务总局关于农村税费改革试点地区有关个人所得税问题的通知	财税〔2004〕30号
35	财政部、税务总局	财政部 国家税务总局关于教育税收政策的通知	财税〔2004〕39号
36	税务总局	国家税务总局关于国际组织驻华机构 外国政府驻华使领馆和驻华新闻机构雇员个人所得税征收方式的通知	国税函〔2004〕808号
37	财政部、税务总局	财政部 国家税务总局关于城镇房屋拆迁有关税收政策的通知	财税〔2005〕45号

续表

序号	制定机关	优惠政策文件名称	文号
38	财政部、税务总局	财政部 国家税务总局关于股权分置试点改革有关税收政策问题的通知	财税〔2005〕103号
39	财政部、税务总局	财政部 国家税务总局关于基本养老保险费基本医疗保险费失业保险费住房公积金有关个人所得税政策的通知	财税〔2006〕10号
40	税务总局	国家税务总局关于陈嘉庚科学奖获奖个人取得的奖金收入免征个人所得税的通知	国税函〔2006〕561号
41	财政部、税务总局	财政部 国家税务总局关于单位低价向职工售房有关个人所得税问题的通知	财税〔2007〕13号
42	财政部、税务总局	财政部 国家税务总局关于个人取得有奖发票奖金征免个人所得税问题的通知	财税〔2007〕34号
43	财政部、税务总局	财政部 国家税务总局关于《建立亚洲开发银行协定》有关个人所得税问题的补充通知	财税〔2007〕93号
44	财政部、税务总局	财政部 国家税务总局关于高级专家延长离休退休期间取得工资薪金所得有关个人所得税问题的通知	财税〔2008〕7号
45	财政部、税务总局	财政部 国家税务总局关于生育津贴和生育医疗费有关个人所得税政策的通知	财税〔2008〕8号
46	财政部、税务总局	财政部 国家税务总局关于廉租住房经济适用住房和住房租赁有关税收政策的通知	财税〔2008〕24号

续表

序号	制定机关	优惠政策文件名称	文号
47	财政部、税务总局	财政部 国家税务总局关于认真落实抗震救灾及灾后重建税收政策问题的通知	财税〔2008〕62号
48	财政部、税务总局	财政部 国家税务总局关于储蓄存款利息所得有关个人所得税政策的通知	财税〔2008〕132号
49	财政部、税务总局	财政部 国家税务总局关于证券市场个人投资者证券交易结算资金利息所得有关个人所得税政策的通知	财税〔2008〕140号
50	财政部、税务总局	财政部 国家税务总局关于个人无偿受赠房屋有关个人所得税问题的通知	财税〔2009〕78号
51	税务总局	国家税务总局关于明确个人所得税若干政策执行问题的通知	国税发〔2009〕121号
52	税务总局	国家税务总局关于刘东生青年科学家奖和刘东生地球科学奖学金获奖者奖金免征个人所得税的通知	国税函〔2010〕74号
53	税务总局	国家税务总局关于全国职工职业技能大赛奖金免征个人所得税的通知	国税函〔2010〕78号
54	财政部、税务总局	财政部 国家税务总局关于个人独资企业和合伙企业投资者取得种植业 养殖业 饲养业 捕捞业所得有关个人所得税问题的批复	财税〔2010〕96号
55	税务总局	国家税务总局关于中华宝钢环境优秀奖奖金免征个人所得税问题的通知	国税函〔2010〕130号
56	财政部、税务总局	财政部 国家税务总局关于企业促销展业赠送礼品有关个人所得税问题的通知	财税〔2011〕50号

续表

序号	制定机关	优惠政策文件名称	文号
57	税务总局	国家税务总局关于2011年度李四光地质科学奖奖金免征个人所得税的公告	国家税务总局公告2011年第68号
58	财政部、税务总局	财政部 国家税务总局关于退役士兵退役金和经济补助免征个人所得税问题的通知	财税〔2011〕109号
59	税务总局	国家税务总局关于第五届黄汲清青年地质科学技术奖奖金免征个人所得税问题的公告	国家税务总局公告2012年第4号
60	税务总局	国家税务总局关于明天小小科学家奖金免征个人所得税问题的公告	国家税务总局公告2012年第28号
61	财政部、税务总局	财政部 国家税务总局关于工伤职工取得的工伤保险待遇有关个人所得税政策的通知	财税〔2012〕40号
62	财政部、税务总局	财政部 国家税务总局关于地方政府债券利息免征所得税问题的通知	财税〔2013〕5号
63	财政部、税务总局	财政部 国家税务总局关于棚户区改造有关税收政策的通知	财税〔2013〕101号
64	财政部、人力资源社会保障部、税务总局	财政部 人力资源社会保障部 国家税务总局关于企业年金职业年金个人所得税有关问题的通知	财税〔2013〕103号
65	财政部、税务总局	财政部 国家税务总局关于广东横琴新区个人所得税优惠政策的通知	财税〔2014〕23号
66	财政部、税务总局	财政部 国家税务总局关于福建平潭综合实验区个人所得税优惠政策的通知	财税〔2014〕24号

续表

序号	制定机关	优惠政策文件名称	文号
67	财政部、税务总局	财政部 国家税务总局关于深圳前海深港现代服务业合作区个人所得税优惠政策的通知	财税〔2014〕25号
68	财政部、税务总局、证监会	财政部 国家税务总局 证监会关于沪港股票市场交易互联互通机制试点有关税收政策的通知	财税〔2014〕81号
69	财政部、海关总署、税务总局	财政部 海关总署 国家税务总局关于支持鲁甸地震灾后恢复重建有关税收政策问题的通知	财税〔2015〕27号
70	财政部、税务总局	财政部 国家税务总局关于个人非货币性资产投资有关个人所得税政策的通知	财税〔2015〕41号
71	财政部、税务总局、证监会	财政部 国家税务总局 证监会关于上市公司股息红利差别化个人所得税政策有关问题的通知	财税〔2015〕101号
72	财政部、税务总局	财政部 国家税务总局关于将国家自主创新示范区有关税收试点政策推广到全国范围实施的通知	财税〔2015〕116号
73	财政部、税务总局、证监会	财政部 国家税务总局 证监会关于内地与香港基金互认有关税收政策的通知	财税〔2015〕125号
74	财政部、税务总局	财政部 国家税务总局关于行政和解金有关税收政策问题的通知	财税〔2016〕100号
75	财政部、税务总局	财政部 国家税务总局关于完善股权激励和技术入股有关所得税政策的通知	财税〔2016〕101号
76	财政部、税务总局、证监会	财政部 国家税务总局 证监会关于深港股票市场交易互联互通机制试点有关税收政策的通知	财税〔2016〕127号

续表

序号	制定机关	优惠政策文件名称	文号
77	财政部、税务总局、民政部	财政部 税务总局 民政部关于继续实施扶持自主就业退役士兵创业就业有关税收政策的通知	财税〔2017〕46号
78	财政部、税务总局、人力资源社会保障部	财政部 税务总局 人力资源社会保障部关于继续实施支持和促进重点群体创业就业有关税收政策的通知	财税〔2017〕49号
79	财政部、税务总局、海关总署	财政部 税务总局 海关总署关于北京2022年冬奥会和冬残奥会税收政策的通知	财税〔2017〕60号
80	财政部、税务总局、证监会	财政部 税务总局 证监会关于沪港股票市场交易互联互通机制试点有关税收政策的通知	财税〔2017〕78号
81	财政部、税务总局、证监会	财政部 税务总局 证监会关于支持原油等货物期货市场对外开放税收政策的通知	财税〔2018〕21号
82	财政部、税务总局、人力资源社会保障部、中国银行保险监督管理委员会、证监会	财政部 税务总局 人力资源社会保障部 中国银行保险监督管理委员会 证监会关于开展个人税收递延型商业养老保险试点的通知	财税〔2018〕22号
83	财政部、税务总局	财政部 税务总局关于创业投资企业和天使投资个人有关税收政策的通知	财税〔2018〕55号
84	财政部、税务总局、科技部	财政部 税务总局 科技部关于科技人员取得职务科技成果转化现金奖励有关个人所得税政策的通知	财税〔2018〕58号

续表

序号	制定机关	优惠政策文件名称	文号
85	财政部、税务总局	财政部 税务总局关于易地扶贫搬迁税收优惠政策的通知	财税〔2018〕135号
86	财政部、税务总局、证监会	财政部 税务总局 证监会关于个人转让全国中小企业股份转让系统挂牌公司股票有关个人所得税政策的通知	财税〔2018〕137号
87	财政部、税务总局、证监会	财政部 税务总局 证监会关于继续执行内地与香港基金互认有关个人所得税政策的通知	财税〔2018〕154号
88	财政部、税务总局	财政部 税务总局关于个人所得税法修改后有关优惠政策衔接问题的通知	财税〔2018〕164号

注：上述文件中个人所得税优惠政策继续有效，已废止或者失效的部分条款除外。